The History of the Kiss

The Birth of Popular Culture

Marcel Danesi

馬塞爾·達內西———著　陳湘陽———譯

Kiss! 吻的文化史

從中古世紀傳說神話到網路時代影音文化，
浪漫吻的前世今生。

目次 CONTENTS

未來，一直吻一直吻

李明璁

「他們準備好要接吻，開始接吻，一直吻一直吻，每次都吻到房子好像要塌下來一樣。」愛迪生用這句聳動文案，四處宣傳世界上最早的電影之一。這部片只有四十幾秒，但男女主角卻整整相吻了超過二十秒。

那是 1896 年，盧米埃兄弟首次公開放映電影的隔年。愛迪生果然是滿腦商業算計的發明家，先知似地預告了吻戲在日後各種類型電影中的不可或缺。

而這石破天驚的銀幕一吻，也嚇壞了衛道人士，間接催生了美國的電檢制度。從一開始視親吻為猥褻而嚴厲禁止，逐漸放寬至規定每個吻不得超過三秒鐘。後來希區考克在其執導的《美人計》中聰明閃躲，讓男女主角欲親還休地磨蹭良久——

親一下、分開、再親、再分開、再親。

浪漫的吻誰也擋不住，無數令人難忘的電影橋段，預

告著新的社會趨勢。比如同性相吻首次出現在電影裡的時間，其實早於同志平權運動在街頭的發生。

如今，好萊塢電影裡不可能沒有吻的片段，就像是一杯馬丁尼調酒不能忘了放顆橄欖。直接訴諸觀眾而非影評的 MTV 電影大賞，自設立以來，「最佳接吻」獎就一直是頒獎晚會的高潮。奧斯卡典禮上更不乏得獎者在公布瞬間與伴侶或同事熱情擁吻的感人畫面。

不只電影，推助了親吻態度的全球化、解放了親吻行為的社會化，包括音樂、電視、小說、動漫、攝影等大眾文化，也熱烈一同，加入了親吻的歷史擴散進程。

吻是少年思春初戀、或主婦百無聊賴的幻想核心。吻是羅曼史中篇幅比重最多的敘事、電視肥皂劇的收視興奮劑。吻、情歌、暢銷金曲的三位一體，是唱片工業跨世代、跨族群、跨類型的操作萬靈丹（別忘了張學友的〈吻別〉一度曾是台灣的「國歌」啊）。補捉戀人擁吻的新聞照片，既可以被用來鼓舞軍人勇敢出征，也可以作為反戰象徵，歌頌終戰和平。

即便連訴求兒少的童話動漫，吻也經常可見。比如無人不知的白雪公主，在故事開頭她便溫柔親吻了七個出門工作的小矮人（其中一位甚至意猶未盡回頭還想再索一吻）。之後吃了毒蘋果昏死，最終被王子深情的一吻救回。

　　吻促成了這個美好快樂結局，創造出新的神話原型。在浪漫愛的想像中，羅密歐與茱麗葉的悲劇終結死亡之吻，已經被自由解放的吻所取代。

　　歐美各國挾大眾流行文化，強吻著這世界每個角落，粗暴也溫柔，苦澀又甜蜜。然後，我們全都跟著學習，如何好好接吻。

　　弔詭的是：吻，很大程度既是透過文化傳播學習而來，但多數人卻又要假裝那是自己天生就會的身體本能。好比蝸牛撫弄彼此觸角、鳥類碰觸求偶對象的喙。

　　許多學者希望找到吻的生理成因。比如心理學家佛洛伊德，他指出嬰孩離開吸吮母乳會轉向自己的大拇指，但這快感的延續隨即遭到禁止，直到長大後遇見舌吻的對象才又重新被找回。再如人類學家莫里斯，他大膽論述接吻就是一種男女性器接觸的模擬；甚至由此斷言，口紅就是誇飾嘴唇類比於陰唇的強化物。

　　這些看似「科學」，其實帶有強烈「異性戀男性中心」色彩的主張，將吻視為一種純粹基於生殖演化功能、或性慾滿足的簡單行為，根本忽略了吻是五感同時聯覺運行的幻想實作。真正的吻，不只是唇舌交纏的觸覺與味覺，也必然是嗅覺、視覺與聽覺的。

　　本書清晰拒絕了上述生理決定論的觀點，透過作者博

學的旁徵博引，揭露吻作為一種象徵和儀式的歷史，重新還原吻的社會化過程。

在此，吻首先是一種符號，如同浪漫愛之於玫瑰花。其次是一種過渡儀式，這意味著兩人親密關係可能將從某一階段前往至下一階段。所以初戀告白要吻，結婚成家要吻，甚至分開臨別也要吻。吻是一個宣告，一次確認。

也因此，性工作者不輕易與其性服務對象接吻，那會使得工作與情感的界線混淆。

而性愛若需壯陽還可靠威而鋼，但失去熱情靈魂的吻卻無藥可救。畢竟，假裝高潮比假裝投入一個深切的吻來得容易。

然而，在這個情感流動更加快速也自由來去的年代，吻的分量愈來愈像現代人的體重一般起伏飄移。我們難免迷惑起來：一方面繼續相信吻的真心溫度，另方面又不免懷疑它的虛情假意。網路社交、虛擬愛情，比真實更真實地強化吻與不吻都有的孤獨。

最後，不斷演進的吻，終究仍得直白面對性別平等的課題（縱有萬般浪漫柔情也無法解消這矛盾衝突）。吻始終籠罩著沙文主義陰影，多數影像中的吻總呈現出男性的「霸氣」。強吻常被當作男子氣概，也是許多男性對女性渴望一廂情願的誤讀。至於男男、女女的同志之吻，尤需

更豐富的文化展現與充分的社會認同。

　　「他們準備好要接吻，開始接吻，一直吻一直吻，每次都吻到房子好像要塌下來一樣。」是的，熱吻還在持續，而且範圍擴大。吻的千年，既已體現愛的浪漫，但願新的歷史一頁，更能以此美好象徵，促進平等，保衛自由。

＊李明璁，台大社會系助理教授

譯者序

陳湘陽

　　二十一世紀的今天，吻和大眾文化早已合而為一，無所不在。不管是在街頭、在銀幕上、還是在小說中，吻的出現似乎都平淡無奇，成為愛情中理所當然的一部分。我們需要吻，依賴著吻來生活，卻鮮少有人探究吻的前世今生。身為一個好奇的譯者，我對各類「冷知識」[1]總是饒富興趣，因此當麥田秀梅小姐問我是否有意願翻譯此書時，我不假思索便欣然答應了。

　　譯事有三難，一難在語，二難在淵源典故，三難在交稿期限，對我而言，翻譯永遠都有更好的版本，總是為了讀起來再通順點，就在六個字和七個字之間糾結半天，潤稿需要的時間可能比永遠再多一點。

　　接吻的歷史源遠流長，可能早在西元前 1500 年的印度就出現，但第一個「具有愛情意義的吻」卻要等到中世紀才出現，其中經歷一連串複雜的演變和迂迴曲折的過

1　非指細瑣無意義的知識，而是鮮少人去了解的事物。

程。原著中提及的上古、中古文獻大都沒有中文譯本，以英文撰寫的相關研究亦為數不多，譯者只能竭力搜索、拼貼零碎的資料，揣摩當時人們寫作的動機、欲描述的畫面和說話的語氣，一時傷透腦筋，但經過多次交叉比對，確認所譯之詞與當時作品風格相去不遠時，想到能讓讀者回到過去聽古人說話時，成就感油然而生，彷彿再一次聽見吟遊詩人在晨曦中詠嘆道：「上帝啊，是黎明！在不知不覺間翩翩降臨。」

為了翻譯電影和歌曲中的吻，我在 Youtube 上翻箱倒櫃，總得花上半天摸清那些老電影的劇情、老歌的弦外之音，才能著手翻譯。翻譯〈影像中的吻〉章節時，我欣賞了許多鬼斧神工的雕刻、栩栩如生的畫作，細細品味並研究每個細節。即便只是電腦螢幕上的影像，也讓人感受到藝術家投入的生命與熱情。能一頭栽進原著的內容並沉浸其中，用心體會語文領域外的事物，也許是身為譯者最幸福的事。透過從事翻譯，我開始對世上的許多事物「知其然亦知其所以然」。

一個看似簡單的吻，蘊藏的不只是人類的強烈情感，更是文化或文明演變的蛛絲馬跡。吻能表述的事物何止萬千？保羅和法蘭西斯卡的吻令人惋惜；時代廣場上水手和護士的吻令人心動，背後卻有段鮮為人知的插曲；賽姬和

邱比特的吻讓後人思考靈魂與熱情之間更深刻的問題。

　　我要在此謝謝我的父母，讓我在很小的時候就對文字產生堅定不移的興趣，如今才能徜徉在奧妙的語文世界中。謝謝師大翻譯所的師長和同學，教我翻譯的十八般武藝，讓我成為稱職的譯者。謝謝留郁涵學妹協助翻譯事宜。特別感謝麥田秀梅小姐讓我撰寫這篇譯序，讓更多人聽見譯者的聲音，以及麥田所有同仁，有你們的協助才有今天這本書。吻的故事相當迷人，盼此書能為讀者開啟一段驚奇之旅。

2016. 10 於台北

序

　　想像一下兩人深深相擁，含情脈脈地看著對方，在這美麗祥和的一刻輕吻雙唇，無非是這世上最浪漫的事。片刻之間，這個吻似乎讓地心引力失去作用，帶著他們到了另一個境界，飄然於塵世之上。一個小小的動作，為何如此意義深重，令人魂牽夢縈呢？為什麼當兩人的膝蓋或手肘接觸時，不會有和接吻一樣的感覺呢？為什麼輕輕的一個吻能讓人搖身一變，成為熱情如火的戀人呢？接吻是人類求愛時的本能反應嗎，就像消化時分泌唾液一樣簡單？或者是我們承襲過去而來的習慣呢？

　　這本書企圖找出「吻」的來龍去脈。現今的人文科學大多以生物學的觀點來追本溯源，我則認為接吻的行為始於中古時期，是肉慾和叛逆的表現，與將氣息呼入伴侶口中的「神聖行為」相悖。當時的人們相信後者是靈性與貞潔的象徵，透過呼吸，伴侶便能交換彼此的靈魂。於是浪漫的吻開始出現在敘事作品、詩歌和香頌[1]中，香頌不只讚揚傳奇人物的英雄事蹟，也歌詠他們的風流情事。戀愛

的形式與人們求愛的方式就此改變。「吻」在大眾的想像中已成為愛情的象徵，令人嚮往，更促使人們去探尋自己的愛情，而非遵從家人意見或傳統習俗。吻的出現是流行文化（抑或其雛形）誕生的信號，也暗示女性正逐步地被解放。在本書的最後一章，我將用一個原創性研究來支持我的論點，該研究在多倫多大學進行，探討年輕人如何詮釋「接吻」，研究期間為 2009 至 2012 年。我認為接吻不是與生俱來的行為，而是文化事件的產物；接吻讓人們能擺脫家庭的束縛，自由地戀愛。我們對愛的需求如出一轍，表達愛的方式卻因文化而迥異。在現今世界裡，每個吻都在獨特的時間及地點誕生，被賦予不同的意義。而因為網路發達無遠弗屆，「吻」就像流行文化般不脛而走，走遍世界各地，用不同的方式改變（或影響）了求愛的傳統與習俗。

我曾在多倫多大學的一門課上被同學問倒，這讓我開始寫這本書。當時我在探討文藝片，「吻」的主題自然而然浮上檯面。在我講到一半時，一位坐在教室後方的女同學舉手問道：「為什麼我們在做這個不太衛生的動作時，會覺得美好而浪漫呢？」我沒辦法回答她，因為我真的不

1　譯註：法語為 chanson，法國世俗歌曲的泛稱。

知道答案，只好以課堂上常見的推託之辭回應她：「我等等再來回答這個問題。」我最後還是沒有回答她，而這本書就是我的答案。

我課堂上的學生指出，我們的確把「吻」視為一件美好的事物；它把求愛過程中的生理、性愛層面與浪漫、精神層面相互連結。在 50 年代名歌手吉米・羅傑斯（Jimmy Rodgers)）最轟動的曲子裡，有句歌詞寫得貼切——「吻甜於酒」。就像啜飲美酒一樣，吻是愉悅而醉人的，讓我們感到滿足，卻又奢求更多。最後，吻的故事和愛的故事畫上了等號，訴說著人們需要愛情、追尋愛情、必須自由表達愛意的種種原因。沒有了愛，世界就會停止轉動。正如美國著名舞蹈家伊莎多拉・鄧肯（Isadora Duncan）在她未完成的回憶錄中所寫：「只有去愛，才能讓這個世界更美好、更友善。」[2]

2　Isadora Duncan, *My Life* (New York: Boni and Liveright, 1927), p. 10.

第一章
吻在流行文化中的起源

給我一千個吻，再添一百，再來一千，再添上一百個
吧。

——卡圖盧斯（Catullus，西元前 84-54 年）

在現今大眾的想像中，浪漫的愛情和接吻這個動作密
不可分。人們無時無刻都在思考戀人為何輕吻雙唇，也在
思考世界各地的戀愛文化為何總是繞著「接吻」打轉。在
德文裡頭有三十幾個詞，分別形容不同類型的吻，比如說
Nachkuss 指的是「彌補之前沒給的吻」。然而在一些社會
裡，卻沒有半個描述吻的字詞，表示接吻並非他們表達愛
意的方式，或至少在過去不是如此。但在其他的社會裡，
接吻的影響力如細水長流，能夠造成改變。它的影響遍及
生理、心理及社會層面，且能跨越兩人的年齡、社會地
位及教育背景。據估計，每位美國女性在結婚前平均吻過
七十九位男性[1]，而有 92% 的美國人在十四歲前有接吻的

經驗。此外，每隔一段時間就親吻太太的丈夫，比起沒有
這個習慣的丈夫，平均壽命多出五年[2]。

有些吻深具代表性，儼然成為一種象徵，帶出愛情史
上一段段膾炙人口的故事。這些包含了羅密歐和茱麗葉、
桂妮薇爾（Guinevere）和蘭斯洛特（Lancelot）的吻，以
及 1945 年《生活雜誌》（Life magazine）的一張相片中，
一位水手和護士的吻，這張相片由名攝影師阿爾弗雷德·
艾森施泰特（Alfred Eisenstaedt）於曼哈頓下城拍攝。也
有許多電影因為片中的一個吻令人印象深刻（括號中為接
吻的男女演員），例如：《亂世佳人》（克拉克·蓋博
〔Clark Gable〕與費雯·麗〔Vivian Leigh〕）、《亂世忠
魂》（伯特·蘭卡斯特〔Burt Lancaster〕與黛博拉·蔻兒
〔Deborah Kerr〕）、《後窗》（詹姆斯·史都華〔James
Stewart〕與葛瑞絲·凱莉〔Grace Kelly〕）、《軍官與紳
士》（李察·吉爾〔Richard Gere〕與黛博拉·溫姬〔Debra

1　Joyce Brothers，引用於 Life 123 網站（www.life123.com）。

2　關於歷史上吻的治療和它不同的表現形式，參見William Cane, *The Art of Kissing* (New York: St. Martin's Griffin, 1995); Karen Harvey (ed.), *The Kiss in History* (Manchester: Manchester University Press, 2005); Andréa Dmirjian, *Kissing: Everything You've Always Wanted to Know about One of Life's Sweetest Pleasures* (London: Berkley Publishing Group, 2006); Lana Citron, *A Compendium of Kisses* (New York: Harlequin, 2011)。

Winger〕)、《鐵達尼號》(李奧納多・狄卡皮歐〔Leonardo DiCaprio〕與凱特・溫斯蕾〔Kate Winslett〕),在此僅舉數例。吻也是以下這些經典流行歌曲的主題(括號中為歌曲創作者):〈Kiss of Fire〉(路易斯・阿姆斯壯〔Louis Armstrong〕與格魯吉亞・吉布斯〔Georgia Gibbs〕)、〈Kiss Me Big〉(田納西・爾尼・福特〔Tennessee Ernie Ford〕)、〈Kisses Sweeter than Wine〉(吉米・羅傑斯〔Jimmy Rodgers〕)、〈The Shoop Shoop Song〉(貝蒂・埃弗雷特〔Betty Everett〕)、〈Kisses of Fire〉(ABBA)、〈Suck My Kiss〉(嗆辣紅椒〔RHCP〕)、〈Kiss from a Rose〉(席爾〔Seal〕)。

　　吻為什麼被公認為愛情的象徵呢?這其中的來龍去脈又是如何?吻是不是一種古老的求愛方式,就像丹・布朗(Dan Brown)在《達文西密碼》(*The Da Vinci Code*)中描述的一樣?作者暗示著耶穌和抹大拉的馬利亞的吻,代表他們之間的戀愛關係[3]。當然不是如此。我在本書中主張:「浪漫的吻」(romantic kiss)的故事從中古時期開始。吻的起源是一段迷人的故事,與流行文化(或其前身)的起源及蓬勃發展相當一致,卻和傳統、宗教及民俗文化大

3　Dan Brown, *The Da Vinci Code* (New York: Doubleday, 2003).

相逕庭。然而在尋找「史上第一吻」的證據時，中間的過程倒很像丹・布朗寫的推理故事。那個吻並未留下半張照片，或任何蛛絲馬跡。追本溯源的唯一方法，便是考慮浪漫的吻在歷史上的哪個時期開始成為散文或詩歌的主題。中古時期就是我們的答案。

當然吻的形式和功能並不限於談情說愛。吻從古代開始便是打招呼的一種方式。比方說，美索不達米亞的人們以「送飛吻」的動作來取悅神明。即使這個動作早已失去神聖的意涵，它在現今世界仍十分常見，演變成一種招呼方式——指尖朝向接受者，做出把吻吹送出去的動作，藉以表達情意。希羅多德（Herodotus）曾記載，在波斯，人們用親吻嘴唇的方式和階級相同的人打招呼[4]，對於階級稍低的人，則是用親吻臉頰的方式。很明顯地，這些吻並沒有情愛的成分，就只是打招呼的形式，十分稀鬆平常。同樣地，在斯拉夫文化中，兩位男性嘴對嘴接吻一直都是種招呼禮儀。羅馬人也用親吻的方式來招呼彼此，個人的社會地位決定他／她能親吻皇帝臉頰以下，腳掌以上的哪個部位。親吻的位置越低，代表親吻者的地位越低。早期的基督徒以「接吻禮」招呼彼此（拉丁文中稱之為

4　Herodotus, *The Histories* (London: Penguin, 1996).

osculum pacis），他們相信這一吻能帶著接吻者的靈魂，使他／她和接吻對象在精神上互相連結。接吻禮於是成為天主教彌撒中的一部分，直到十三世紀被教會以「平安器」（*pax board*）取代，會眾在儀式中親吻平安器而不再親吻彼此。十六世紀的宗教改革將吻視為不潔的、肉慾的行為，因而把任何形式的吻排除在宗教儀式外。然而，「呼氣吻」在天主教和基督新教中都被接受為婚禮的一部分，象徵新郎和新娘精神上的結合。很湊巧地，在古賽爾特人的求愛儀式中，呼氣吻是固有的習俗，人們認為男女雙方能藉此交換生命的氣息。

　　吻在許多不同的宗教傳統中，都占有相當重要的地位。自古以來，人們親吻聖書或聖像畫來表達敬慕之情。摩西最常見的形象，便是親吻上頭寫著十誡的石板。天主教徒親吻教宗的腳趾以表尊敬與服從。在《馬太福音》和《馬可福音》裡，猶大用一個吻背叛了耶穌；吻在當時本是服從的表現，在那一刻卻成了表裡不一的欺騙行為。在耶路撒冷，猶太人祈禱時會親吻聖殿的西牆；他們也親吻聖書《妥拉》（*Torah*）。東正教徒會親吻教堂裡的聖像，也會在祝禱時親吻牧師的手。印度教徒藉由親吻寺廟的地板，來承認它的神聖與純潔。

　　人類學研究顯示，沒有任何接吻習慣的族群，在全

人類中占的比例並不低。在非洲、太平洋和美洲文化中，吻本來是不存在的。至少要等到和歐洲人有所接觸，國際通訊科技將吻的形象傳播到世界各地後，那些地區的居民方知吻為何物。儘管現在接吻在那些文化中大都能被接受，但當地人仍認為在公眾場合接吻是不禮貌的，或至少覺得他們沒有理由這麼做，因為吻是源自西方的舶來物。在 1990 年，《北京工人日報》警告讀者：由西方引進中國的接吻習俗是種「粗野行為」，帶有「同類相食」的意涵[5]。世界上其他地區的人們也有類似的反應。人類學家利奧諾・提弗（Leonore Tiefer）對此作出以下評論：

帶有性意味的吻在許多社會中不為人知，這包含了巴里人（Balinese）、查摩洛人（Charmorro）、馬努斯人（Manus）和大洋洲的亭古岩人（Tinguian）。非洲的齊切瓦人（Chewa）和東加人（Thonga）、南美的西里奧諾人（Siriono）、歐亞大陸上的雷布查人（Lepcha）也沒有這種習慣。在這些文化中，人們認為嘴對嘴親吻相當危險、不健康，甚至是噁心的。西方人對於把舌頭伸進情人

5　參見Erica Harrison, "Science of Smooching," *Cosmos*，http://www.cosmosmagazine.com/node/1464/full，2012年11月。

鼻孔的習俗也許會有同樣的感覺。當東加人第一次看到歐
洲人接吻時，他們笑著說：「你看看，他們把彼此的口水
和汗垢都吃下去啦。」[6]

古代世界中的吻

Osculation 是接吻較正式的說法。接吻在中國和日本
並不是求愛傳統的一部分，如前所述，是晚近的大眾媒體
和網際網路把接吻的意象帶進它們的社會中。在北極附近
的原住民因紐特人（Inuit）和拉普蘭人（Laplander）的社
會裡，情侶習慣磨鼻子而非接吻，居住在世界其他地區的
人也有同樣的習慣，早期的北極探險家稱之為「愛斯基摩
吻」。很明顯，儘管某個動作在一套求偶習俗中是浪漫的、
稀鬆平常的，在另一套習俗中仍可能顯得怪異而粗野。接
吻確實是個「怪異」的動作，因為雙方會交換唾液，其實
相當不衛生。在詹姆斯‧喬伊斯（James Joyce）的小說《一
個青年藝術家的畫像》（*A Portrait of the Artist as a Young
Man*）中，年輕的史蒂芬‧迪達勒斯（Stephen Dedalus）

6　Leonore Tiefer, "The Kiss," in *Philosophy of Love and Sex,* ed. Suzanne
Seney (Toronto: Canadian Scholar's Press, 2010), p.186.

問道：「人們為什麼要用他們的臉，做出這樣的動作呢？」
即在暗示此事[7]。

　　研究接吻的科學稱為「接吻學」（philematology）。
一些科學家表示，接吻可能有古老的淵源，在西元前
1500 年的印度就已出現。當時的《吠陀經》（*Veda*）曾
記載愛侶用嘴巴「嗅到」彼此的味道、「聞」著對方。接
吻學家雪莉・柯申鮑姆（Sheril Kirshenbaum）寫道：「在
《吠陀經》裡沒有『吻』的單詞，但『嗅』（sniff）和
『聞』（smell）用的是同一個詞，這個詞也有『接觸』
的意涵。」[8]據信，吻在亞歷山大大帝於西元前 326 年征
服印度旁遮普地區後傳到了西方[9]。人類學家尼可拉斯・
培瑞拉（Nicholas Perella）也曾寫道，接吻的圖像出現在
擁有兩千年歷史的祕魯陶鍋和花瓶上，以及非洲的一些部
落社會中。[10]但這些古老文化中的吻，代表的意義是否和

7　James Joyce, *The Portrait of the Artist as a Young Man* (New York: Viking,
　　1922), p.15.

8　Sheril Kirshenbaum, *The Science of Kissing: What Our Lips Are Telling Us*
　　(New York: Grand Central, 2011), p. 40.

9　要了解以吻的理論和觀點為主題的歷史學，參見 Adrianne Blue,
　　On Kissing: From the Metaphysical to the Erotic (London: Victor Gollancz,
　　1996)。

10 Nicholas Perella, *The Kiss Sacred and Profane: An Interpretive History of
　　Kiss Symbolism and Related Religio-Erotic Themes* (Berkeley: University of

今天一樣，是浪漫愛情的象徵？如柯申鮑姆所言，描述吻
的單詞不存在，便是個確鑿的間接證據，說明當時的人們
並不具有把接吻當作浪漫行為的意識。在《吠陀經》之後
的印度文本，進一步暗示接吻打從一開始起，就僅有喚起
情慾的功能。四世紀的史詩《摩訶婆羅多》（Mahabharata）
描述愛侶們情慾勃勃地「嘴對著嘴」或「互飲雙唇的潤
濕」[11]。印度《愛經》（Kama Sutra），一部於三世紀左
右編成的性愛典籍，將接吻描寫為性娛樂和性嬉戲的一部
分。柯申鮑姆對該段文本敘述如下：

　　整個章節圍繞著親吻愛侶的主題打轉，指導讀者親吻
的時機及部位，包括額頭、眼睛、臉頰、頸部、胸脯、乳
房、雙唇和口內。描述四種親吻的方式——直接的、交錯
的、用力的、輕柔的，以及三種年輕女孩或處女的吻——
虛名之吻（女孩的雙唇與其愛侶接觸，但她自己什麼也沒
做）、悸動之吻（女孩稍稍收起她的羞怯，用她的下唇而
不用上唇回應其愛侶）、接觸之吻（女孩以舌頭接觸愛侶
的雙唇，閉上雙眼，將她的雙手放在愛侶的雙手上）。[12]

California Press, 1969), p, 15.

11　同註8，頁41。

12　同上，頁41-42。

這些文本清楚地說明，接吻的確是種古老的習慣；它是性愛的一部分，因為嘴唇是敏感的器官，能夠挑起人們的情慾。從其他古老的作品當中，也能蒐集到相同或類似的描述，例如在亞里斯多芬（Aristophanes）的喜劇中，接吻和性時常互相連結。身為一位偉大的希臘喜劇作家，他的喜劇充滿諧謔與機智，旨在批判社會規範和政治偽善。亞氏戲劇中的吻是色慾而非浪漫的。接吻也出現在古代埃及藝術中。考古學家推測那些吻可能象徵「給予或交換生命」，和之後出現在西方文化中的「接吻禮」相同。羅馬人也會熱情地親吻彼此的嘴唇，他們把這個動作稱為 *savium*，與 *osculum* 或 *basium* 相對，後面兩者指的分別是「友誼之吻」和「愛情之吻」。羅馬的情侶會在親屬面前接吻，藉此宣告他們有意結為連理。因此，接吻是個帶有宣示意味的動作，用來昭告天下：這對情侶有意在身體上合而為一。在所有古老的，與接吻相關的習俗中，這個吻的性質似乎最接近「浪漫行為」。

羅馬人也通過了一條不尋常的法律：如果任何人強吻同等社會地位的公民被抓到，就必須接受處罰。羅馬皇帝提貝里烏斯（Tiberius）甚至頒布命令禁止人民接吻，因為他認為接吻導致一種駭人的真菌疾病四處蔓延，摧毀了羅馬貴族的容貌和身體[13]。但既然接吻如此廣為流傳，為

何它在這些古代社會中，都不是個帶有求愛或浪漫意義的動作呢？為何要等到中古時期，當吻（再度）出現時，一切才有了改變？我們將在後續的章節討論這個問題。用現代的視角詮釋古代的習慣，充滿了曲解事實的危險。若要以古代世界為出發點，追尋浪漫的吻的起源，在最好的情況下，這將是一段推理的過程；在最糟的情況下，這將是一段「翻新」（retrofitting）的過程，亦即無意識地試著把當代對於浪漫的吻的觀點，強加於過去之上。雖然這聽起來有點吹毛求疵，但人們為了性刺激而親吻嘴唇和其他身體部位，抑或因為內心的情感而親吻對方的嘴唇，兩者雖然都是吻，但卻很不一樣。

　　《聖經》裡有不少對於接吻的描述，有婚外情的人物更常出現在其中。在《撒母耳記上》（Samuel）裡頭，有個故事描寫一個女人用吻來誘惑一個男人：「（淫婦）用諂媚的嘴唇勾引他。」在《雅歌》（Song of Songs，或稱《所羅門的歌》）裡，我們能找到這樣的段落：「願他用口中的熱吻與我親嘴，因為你的熱愛比酒更美。」（雅歌 1:2）這兩個段落似乎說明了接吻就是種浪漫的行為。然而抱持傳統觀點的《聖經》學者，偏向把詩中的吻視為神愛的隱

---

13 同上，頁47。

喻，而非情愛的象徵。有些現代評論家則認為《聖經》在本質上是部色情作品。例如珍妮佛・萊特・納斯特（Jennifer Wright Knust）將《雅歌》描述成對婚前性行為的頌歌[14]。麥可・庫根（Michael Coogan）主張《聖經》其實是描寫性關係的一部專著，與其他多部古代文本類似[15]。即便有這些文本段落，仍沒有詮釋學上的證據指出，它們之中所描述的吻是我們今日所認知的「浪漫的吻」的前身。

我們的問題在於常用「翻新」的方式詮釋《聖經》，若書中有件在當今世界也會發生的事，我們總是以為它的意義和今天一模一樣。丹・布朗在寫作《達文西密碼》時就犯了這個錯誤[16]。書中的主角，一位名叫羅伯・蘭登

---

14 Jennifer Wright Knust, *Unprotected Texts: The Bible's Surprising Contradictions about Sex and Desire* (New York: HarperOne, 2011).

15 Michael Coogan, *God and Sex: What the Bible Really Says* (New York: Twelve, 2010)。事實上，書寫《聖經》裡的性的著作在近期大量增加，可能代表在世俗中，神聖文本必須以不同的詮釋觀點來解讀。除了Knust和Coogan的著作以外，這類的作品還有Edward Ackerley, *The X-Rated Bible: An Irreverent Survey of Sex in Scripture* (New York: Feral House, 1999); Philo Telos, *Divine Sex: Liberating Sex from Religious Tradition* (New York: Trafford, 2006); Teresa Hornsby, *Sex Texts from the Bible: Selections Annotated & Explained* (New York: Skylight Paths); Darrel Ray, *Sex & God: How Religion Distorts Sexuality* (New York: IPC Press, 2012)。

16 同註3。

（Robert Langdon）的哈佛教授，想利用他的「象徵學」知識，解開一道引人入勝的歷史謎題，那是關於耶穌和抹大拉的馬利亞。當然，這本書的魅力有一部分來自它錯綜複雜的推理情節，但更大一部分是來自作者把抹大拉的馬利亞描繪成一種象徵，代表著女性在父權社會下的犧牲。書中被破解的密碼，說明抹大拉的馬利亞是耶穌的妻子，她手上抱的是耶穌的嬰孩（聖杯）。一直以來，教會裡的邪惡勢力企圖隱瞞這個事實，而她安然度過得以倖存。在整部小說中，丹・布朗參照「相關學術研究」，說明耶穌和抹大拉的馬利亞曾浪漫地吻著彼此。但這樣的研究並不存在，一切盡是由陰謀論者自行捏造，毫無依據的假設。這部小說紅極一時的原因，在於作者巧妙地利用了當代大眾與日俱增的想望：回復女性過去身為基督教領導者的地位。但是，耶穌和抹大拉的馬利亞真有接吻嗎？即使諾斯底福音書（Gnostic Gospels）的腓立比書中提及兩人親吻，但文本中描述兩人親吻部位的段落已經亡佚，無法尋回。以下是該段落的內容：

　　……的伴侶是抹大拉的馬利亞。……她勝過於那些門徒，……時常親吻她的……[17]

其他提及接吻的古代文本，則把它當作男歡女愛的一部分。例如希臘史學家普魯塔克（Plutarch）曾在他的《希臘羅馬英豪列傳》（*Parallel Lives*）中寫道，克麗奧佩脫拉（Cleopatra）夢見她與馬克·安東尼（Mark Antony）的初吻，她似乎在利用這個吻，小心翼翼地誘惑他。普魯塔克在這裡是否運用了詩人的特權，以較間接的方式書寫史實？這對不得善終的愛侶，是否真因情愛而擁吻？在此亦沒有其他文本證據能證實這件事。

也許在所有古代文本當中，最可能描寫「浪漫的吻」的是西元前一世紀羅馬作家卡圖盧斯（Catullus）的情詩。他曾歌頌吻，將其視為充滿熱情及色慾的動作[18]。他最著名的詩，在歌詠他對羅馬貴族女性萊斯比亞（Lesbia）的愛。在《致萊斯比亞》（*To Lesbia*）的第五首詩歌中，他寫道：

給我一千個吻

再添一百，再來一千，再添上一百個，

---

17 關於這個段落，參見Craig A. Evans, *Fabricating Jesus: How Modern Scholars Distort the Gospels* (Downers Grove, IL: IVP Books, 2008)，頁94。

18 Catullus, *The Poems* (London: Macmillan, 1973).

讓我們把它湊個千千萬萬，

連自己也數不清楚，

敵人算不清我們吻了幾次，

便不會將他的邪眼投向我們。[19]

　　值得注意的是，詩中的吻在日落後才發生，而日落暗示著死亡。那些吻被描述成一股神奇的力量，能保護接吻者，使其不受「邪眼」的威脅。對於浪漫的吻，卡圖盧斯的詩寄寓了相當多的隱喻，而非只是平鋪直述。他的詩可能造成某種影響，使接吻無意識地被詮釋成浪漫行為，然而這樣的影響可說是潛伏了數個世紀，一直到中古時期才浮上檯面。然而中古時期的人們並不熟悉卡圖盧斯，或另一位著名羅馬詩人盧克萊修（Lucretius）的詩，後者的詩歌也把接吻視為一種熱情的行為：

他們緊緊擁抱著，濕潤的舌頭投向對方的嘴，

彷彿要把自己的心掏給對方。[20]

---

19 Maurice Balme and James Morewood, *Oxford Latin Reader* (Oxford: Oxford University Press, 1997).

20 Lucretius, *De rerum natura* (New York: Loeb Classical Library, 1975).

　　盧克萊修描繪的，似乎是我們今天所謂的法式接吻。值得一提的是，他顯然把這個吻描寫成擄獲對方真心的第一步。這個段落來自一首名為《物性論》（*De rerum natura*）的詩，但它並不是情詩；《物性論》是首關於科學和哲理的長詩，旨在讓人類超脫宗教迷信和對死亡的恐懼，重獲自由。作者的靈感來自希臘哲學家伊比鳩魯（Epicurus）的著作，而這首詩反映出伊比鳩魯的理想：心如止水，從不合理的恐懼中超脫。這件事使得上述的幾行詩更加不易詮釋。

　　另外一位羅馬詩人也了解吻的力量。奧維德（Ovid）在他的《愛的藝術》（*Ars amatoria*）中，建議男性追求者把接吻當作第一道策略，他寫道：

> 如果可以的話，吻她吧；就算她有所抗拒，
> 不願接受，你就儘管照做。
> 她會把你喚作放肆鬼，
> 任憑她怎麼抵抗，也會巴不得被制伏。[21]

　　奧維德在詩中給男人的忠告，很難用現代的觀點詮

21　Ovid, *Ars Amatoria* (New York: Kessinger, 2004).

釋。他是在慫恿男性用接吻的方式吃對方豆腐嗎？還是在間接描述男性共通的心理欲望？要釐清這個段落的意義實在是難上加難。《愛的藝術》是本以詩的形式寫成的教戰手冊，指導人們如何尋覓伴侶並維繫關係。整部書共有三冊，其中二冊的寫作對象是男性，另一冊則是女性，都以幽默而語帶諷刺的風格寫成。因此，作者可能意在嘲弄男性的求愛行為而非讚許。

　　總而言之，要從與浪漫的吻相關的古代文本中得到任何定論，幾乎是不可能的。我們必須假設所謂的浪漫的吻，曾在不同的時間、不同的地點，以類似的方式出現，否則文本中描述的吻，就是種截然不同的事物。假若古代世界中的吻，如同柯申鮑姆所說，是浪漫愛情的一部分，那麼就必須用文化上的理由，來解釋它為何風行在某些社會中，而後又消失不見：「在某些文化中，原有的接吻習慣可能由於社會因素而消失，例如對女性性欲的抑制。」[22]也許這句話是正確的，但要找到證據來支持這個假設並不可能。因為吻在世界各地廣泛流傳，我們便認為它有古老的淵源，進而無意識地相信它是全人類的一部分，而非起源於某些文化或特定時間點的行為。據柯申鮑姆估

---

22 同註8，頁58。

計，「從東方到西方，有超過六十億人時常接吻，它是種社會習俗，也是種戀愛習慣。」[23] 這在在說明了現代西方流行文化的力量，它藉由科技將吻傳播到世界各地，與全人類共有的古老求愛機制的傳播方式截然不同。接吻需要詮釋。它可能是肉慾的，可能是種社交方式，可能是神聖的，也可能是浪漫的。但仍沒有證據能證實，在中古時期以前，「浪漫」是吻最主要的涵義。

中古時期

美國作家詹姆斯・瓊斯（James Jones）曾在他著名的小說《亂世忠魂》（*From Here to Eternity*）中，寫下一段深刻的話：「你不能吻一個妓女，這是個禁忌。她們不喜歡這樣。吻是屬於她們自己的，就和大多數女人的身體一樣。」[24] 在電影《麻雀變鳳凰》（*Pretty Woman*）中，茱莉亞・羅勃茲（Julia Roberts）扮演一位應召女郎薇薇安・沃德（Vivian Ward）。其中一幕裡，她表明自己願意和顧客上床，但不會吻他們，因為她想避免自己對顧客產生浪漫

---

23 同上，頁59。
24 James Jones, *From Here to Eternity* (New York: Scribner, 1951), p. 244.

情懷。根據那些虛構的再現（fictional representation）以及
人類學的研究結果，妓女的確會避免親吻顧客，以防自己
產生浪漫的感受。正如柯申鮑姆寫道：

　　娼妓與她們的顧客似乎都有一種直覺：比起其他的性
　行為，接吻是別具意義的，不能混為一談。而在一些社會
　調查中，人們的確把接吻評價為最親密的行為，幾乎勝過
　任何其他活動。接吻在認真的感情關係中，也比起在隨意
　的性行為中受到更多的注意，而科學家陸陸續續發現了一
　些有趣的理由。我們在接吻時會產生溫暖而難以言喻的感
　受，可能和經過我們全身的荷爾蒙息息相關。[25]

　　「接吻並不只是性愛前戲、接吻超越了性愛」等根
深柢固的想法，可以追溯到中古時期。在當時天主教的婚
禮中，「接吻禮」是相當關鍵的儀式。進行的方式是新郎
新娘以口互換彼此的氣息，這個動作象徵雙方交換靈魂、
和諧相處。在某些婚禮中，接吻禮是以親吻臉頰的方式進
行。人們忌諱嘴對嘴的接吻，因其帶有性的意涵。從某個
時間點開始（大約是十一世紀晚期到十二世紀早期），接

---

25 同註8，頁122。

吻開始出現在故事、傳說和其他流行於當時的寫作形式中。它是悖逆文化規範的表現，也是自由（不理會他人安排）戀愛的象徵，躍然登上文化的舞台。當時的人們認為，與家族成員認可對象以外的人結婚，是違反道德的。早期的流行文本將接吻描述成對此種道德限制的反叛，以及代表「真愛」的動作，與「被強迫（或被他人計畫好）的愛情」相對。在詩和散文中，祕密交往的情侶熱情地擁吻，其中的涵義顯而易見：「不管我的家人或社會怎麼想，我就是愛這個男人／女人！」接吻便很自然地被公認為（自由）求愛的招牌動作，獨樹一幟、無可取代。一個新的詩歌傳統──「宮廷愛情」（courtly love）於是誕生。這個傳統在當時非常流行，「吻擁有讓人們愛上彼此的力量」是其寫作重點。值得一提的是，寫作這些詩歌所使用的語言是平民的語言（新興的羅曼語），而非拉丁文，播下了流行文化的種子。這種新的求愛方式自有一套潛規則，與所謂的「新騎士守則」息息相關。在傳統的騎士守則中，一位名實相符的騎士必須效忠他的教會和國家，也要非常尊敬女性。現在能夠毫無拘束、公開表達愛意的全新自由，讓每個人都成了騎士。安德瑞斯．卡佩拉納斯（Andreas Capellanus）於 1185 年寫成的《宮廷愛情的藝術》（De amore），就列出了一整套的「新騎士守則」，例如：「已

婚與否跟愛不愛他／她毫無關係、」「不嫉妒的人無法去愛」、「沒有人能一次愛兩個人」[26]。

隨著宮廷愛情寫作蓬勃發展，以及不久後諷刺浪漫愛情的義大利即興喜劇（Commedia dell'Arte）出現，我們知道在大眾面前展演愛情故事，已經蔚為風尚。義大利即興喜劇是種流行於當時的喜劇形式，由專業演員在市集廣場上的簡易舞台演出。上演的劇目中有不少在諷刺愛情和表裡不一的宗教傳統。流行文化至今最盛行的兩種形式——愛情故事和愛情諷刺作品已經到來，吸引了數量龐大的讀者群。奧布萊恩（O'Brien）和濟曼（Szeman）如此描述這種文化形式在本體論（Ontology）上的架構：它們展現出「人們為自己創造了什麼，或做了什麼」。[27]

第一對接吻的情侶是何許人也，當然不得而知。但當時的騎士文學賦予他們「羅密歐」和「茱麗葉」的名字，不管他們代表的是現實世界中的哪一對戀人。莎士比亞讓這對愛侶成為家喻戶曉的人物，但其實他們的愛情故事源自中古時期的傳說，是種敘事性的請願，要求在愛情裡能

---

26 Andreas Capellanus, *The Art of Courtly Love,* trans. John Jay Perry (New York: Columbia University Press, 1941).

27 Susie O'Brien and Imre Szeman, *Popular Culture: A User's Guide* (Toronto: Thomson, 2004), p. 7.

有自由選擇的權利。羅密歐和茱麗葉的吻已經成為自由的象徵，這個象徵強而有力，在戲劇、敘事、詩歌、藝術和其他藝術媒體中，都被描繪成人類文明史上別具意義的一刻。

　　莎士比亞的故事靈感，可能源自亞瑟‧布魯克（Arthur Brooke）於 1562 年寫成的敘事詩《羅密歐與茱麗葉的悲劇史》（*The Tragical History of Romeo and Juliet*）。布魯克的詩是義大利作家馬特奧‧班德洛（Matteo Bandello）1554 年的作品《茱麗葉與羅密歐》（*Giulietta e Romeo*）的編譯版本。《羅密歐與茱麗葉》最早的版本，則要追溯到 1476 年馬蘇齊歐‧薩勒尼塔諾（Masuccio Salernitano）撰寫的故事，收錄於他的文集《古代故事百篇》（*Il Novellino*）中 [28]。至於這對情侶違背家人的期望，私自相愛的故事雛形則有更悠久的歷史，要追溯到中古時代的早期了。羅密歐和茱麗葉這對虛構的人物，暗喻著有勇氣違抗社會現狀、順從自己心意，卻不得善終的男女。莎士比亞劇本的第五幕決定了兩人的命運，接吻的意義須臾之間極其明瞭：它代表著深深的愛與叛逆。羅密歐聽到茱麗葉

---

28 Olin H. Moore, "The Origins of the Legend of Romeo and Juliet in Italy," *Speculum 5* (1930): 264-277.

的死訊後心如刀割，卻不知道茱麗葉並非真死。他在茱麗葉的「屍體」前喝下毒藥，吻了她之後便說出最後遺言：「我獻上一吻，然後死去。」[29]

　　有些人推測，《羅密歐與茱麗葉》可能根據兩個歷史人物的故事而寫成——十二世紀的哲學家彼得・亞伯拉（Peter Abelard）與他的情人海洛伊茲（Héloïse）。他們的遭遇確實是一部多舛的愛情傳奇，具備這類故事該有的所有元素。在 1117 年，亞伯拉成為海洛伊茲的家庭教師。海洛伊茲是一位巴黎聖母院教士的姪女。他們墜入愛河，並在海洛伊茲生下一子後祕密成婚。由於情勢所逼，亞伯拉說服海洛伊茲出家為尼。她的叔父卻誤信亞伯拉遺棄了海洛伊茲，於是將他閹割。亞伯拉後來在海洛伊茲出家之地創建了一座修道院，取名為「聖靈修道院」（Paraclete）。1125 年，他在聖吉爾達德呂伊（Saint-Gildas-de-Rhuis）成為修道院院長。到了 1132 年左右，這對愛侶開始通信，寫下了一些有史以來最感人的愛情篇章，廣為後世流傳。亞伯拉離世時，遺體被送回聖靈修道院；海洛伊茲死後葬在他的身旁。兩人的遺體現在同葬於巴黎的拉雪茲神

29　William Shakespeare, *Romeo and Juliet* (New York, Random House, 2009)，第5幕第3場。

父公墓（Père Lachaise cemetery），他們的故事也在整個中古時期的社會中流傳著。他們是羅密歐和茱麗葉的原型嗎？亞伯拉在他的自傳《我的苦難史》（*The Story of My Misfortunes*）中敘說，他在有機會親吻海洛伊茲的很久以前，就已經夢到這個吻了[30]。他夢見的這個吻，在當時的行為規範下必定無法成真。它不只代表發自內心的熱情，也代表著叛逆。

中古時期以後的各國文本指出，浪漫的吻迅速傳遍整個歐洲，接著傳播到世界的其他地區。俄羅斯可能是第一個把接吻融入婚禮中的國家。有些當時新興的習俗，在我們今天看來非常奇特，甚至可說是古怪。在義大利，有條法律規定如果新郎或新娘在婚禮當天接吻前就死去，所有結婚禮物都要退還。十六世紀的英國人則會準備一顆插滿丁香的蘋果，讓少女帶到市集尋找一位她覺得值得親吻的少年。她會把蘋果遞給少年，讓他選一株丁香放進嘴巴咀嚼，然後和他接吻。少年於是成為蘋果的主人，出發去尋找另一位少女，讓這個遊戲繼續進行。

以接吻為重心的各種習俗開始在歐洲各地流傳開

---

30 Peter Abelard, *The Story of My Misfortunes,* trans. Henry Adams Bellows (St. Paul, MN: Thomas A. Boyd, 1922).

來[31]，關於接吻的哲學和科學論著也開始散播。十七世紀有位名叫馬汀・范・坎普（Martin von Kempe）的學者，編寫了一部關於接吻習俗的百科全書，全書有上千頁，歸納出二十種不同的類別[32]。在《宮廷愛情的藝術》裡，卡佩拉納斯把接吻描述成「純真愛情」的表現。文藝復興時期的哲學家皮科（Giovanni Pico della Mirandola）也在他 1486 年的著作《評吉羅拉莫・貝尼維尼的一首情歌》（Commentary on a Love Song of Girolamo Benivieni）裡提到情人接吻的重要性，他寫道：「他們憑著親吻讓自己的靈魂泉湧而出，注入另一個人當中。只有完美的結合，才能使他們的靈魂徹底交換。如此一來，他們中的任一人都可說是兩個靈魂，而他們兩個人一起是一個靈魂。」[33] 這段文字用「接吻禮」的精神來重述浪漫的吻的意涵，將其延伸套用到雙唇接觸的吻。十六世紀的突尼斯教長奈札維（Umar Ibn Muhammad el-Nefzawi）也在他的《芬芳花園》（Perfumed Garden）中提及，浪漫的吻已經流傳到世界上

---

31 關於這類事實的紀錄相當豐富。例如參見 Christopher Nyrop, *The Kiss and Its History* (London: Sands and Company, 1901); Cane, *The Art of Kissing;* Blue, *On Kissing*。

32 Harvey, *The Kiss in History,* p. 189.

33 Giovanni Pico della Mirandola, *Commentary on a Love Song of Girolamo Benivieni* (Baltimore: John Hopkins University Press, 1967), p. 126.

的其他地區。他在該書中寫道：「唇上、頰上、頸子上的吻，都是神的贈禮。」[34]

人類學家尼可拉斯‧培瑞拉（Nicholas Perella）同樣以中古時期為起點來追溯浪漫的吻，並主張其起源於一種「吻中帶有靈魂的比喻」[35]。威廉‧弗里霍夫（William Frijhoff）抱持同樣的看法，並解釋如下：

在童話故事裡，睡美人被一位異邦王子輕吻後便甦醒過來，重獲新生。「浪漫的吻」的意涵透過這個主題表述無遺。這個吻的比喻原本與基督教思想有關，並和宗教儀式密不可分，隨後發展成幾種較世俗的、關於愛情的比喻：在中古時期，絕大部分的吻都帶有愛情的意涵，而愛情同時也是生命的象徵。[36]

毫無疑問地，接吻的確會讓人產生生理和心理上的

34 Umar Ibn Muhammad el-Nefzawi, *The Perfumed Garden* (New York: Kessinger, 2005).

35 Perella, *The Kiss Sacred and Profane,* p. 243.

36 William Frijhoff, "The Kiss Sacred and Profane: Reflections on a Cross-Cultural Confrontation," in *A Cultural History of Gesture,* ed. Jan Bremmer and Herman Roodenberg (Ithaca: Cornell University Press, 1992), p. 222.

反應，且兩者都和性慾有關。然而中古時期的騎士守則讓
我們開始用嶄新的方式來詮釋吻：吻和性愛是兩回事；更
準確的說法是，吻的意涵並不只是性而已。騎士守則也在
某種程度上解放了女性；她們自古以來都必須以家庭主婦
或母親的角色順服男性及男方親屬。吻是這次解放顯而易
見的符號；它的深處還潛藏著雌激素。柯申鮑姆清楚地解
釋，當女性要決定是否和一位可能的伴侶發展進一步的關
係時，接吻總是不可或缺的判斷方式——女性藉由接吻來
獲取伴侶在情緒方面，或甚至性方面的資訊。男性則傾向
把接吻描述成一種達到目的（上床）的方式。這個主題在
本書的最後一章會更詳盡地討論。簡而言之，接吻能造成
人們獨特的生理反應，與基因並無關聯；我們在歷史傳播
的過程中，無意識地繼承了這樣的特質。

　　吻的起源可以追溯到破壞中古歐洲宗教與父權秩序
的想望，因此不管是敘事、詩歌或視覺藝術中的吻，都
具有非常強大的感染力。在現代世界中，流行文化的每個
部分無不為接吻的藝術貢獻一番心力，從禾林出版公司
（Harlequin Enterprises Limited）出版的浪漫小說，到指導
人們如何「吻出熱情」的網頁比比皆是。在接下來的章
節中，大部分的篇幅會用來闡釋吻在流行文化中根深柢
固的地位。流行文化是種以身體為核心的文化，而非與

其背道而馳。

以理論詮釋吻

吻自從在中古時期的詩歌和敘事中現身，就擄獲了大眾的想像力。它也為生物學帶來重大的改變。科學家指出，接吻會令大腦分泌一種能觸發情慾和愉悅感的荷爾蒙——催產素（Oxytocin）。用愛情作家的話來說，一個吻足以牽動我們存在的每一絲、每一縷，使我們的內在為之悸動，全身起雞皮疙瘩。吻把求愛過程中的生理、性愛層面與浪漫、精神層面相互連結，使求愛充滿了意義。催產素在求愛過程中的角色，由柯申鮑姆解釋如下：

催產素常被稱為「愛情荷爾蒙」，與親密行為有密切的關係，一些實驗結果顯示它的影響力相當巨大。舉例來說，當催產素被注射到未孕雌性大鼠的大腦中，那隻大鼠馬上就把另隻大鼠的嬰兒，當做自己的來照顧。雖然上述實驗並未以人類女性作為對象（原因無須多做解釋），但我們知道催產素在人體中有類似的作用，它能鞏固母親和兒女之間的連結，並促使新生兒母親分泌乳汁。此外，催產素能夠調節情緒，且是種天然的止痛劑。[37]

　　科學家針對吻的演化史和生物學上的起源，提出了相當多的理論，值得我們一探究竟。有些理論主張接吻是為了運送皮脂，在性伴侶間建立化學物質上的連結而出現；皮脂是一種潤滑皮膚和頭髮的物質。另有一些理論認為，人類接吻是因為嘴唇、舌頭和口腔是性的高度敏感帶，與大腦的邊緣系統相連接。邊緣系統是大腦演化史中歷史最悠久的一部分，也是性愉悅產生之處[38]。嘴唇則具有對溫度或壓力等外在刺激高度敏感的神經末梢，只要氣氛合宜、兩情相悅，輕微的碰觸也可能成為性刺激。

　　也有一種理論主張，接吻可能和母親將食物嚼餵（premasticate）給子女的傾向有關，亦即先咀嚼食物再直接以口餵給嬰兒食用[39]。這個理論假設接吻是由一種維持生存的行為而生，隨著時間逐漸演變成文化習俗，並被賦予象徵意義。這樣的說法大抵上是合理的，但因著極富母愛的行為而出現的動作，要如何演進成一種純然浪漫的行為呢？這項理論的支持者主張，中歐齊勒河谷（Ziller

37　同註8，頁127-128。

38　要更全面地了解「接吻的科學」，參見柯申鮑姆的 *The Science of Kissing*。

39　同註8，頁17-18。

Valley）的情侶曾有類似的嚼餵行為 [40]；男女之間會互相餵食咀嚼過的物質，作為一種求愛方式。女性若接受男性咀嚼過的食物，就等同回應了他的求愛。精神分析學家佛洛伊德（Sigmund Freud）也認為接吻是種「遺留姿勢」（relic gesture），因人類在潛意識中想回去吸吮母親的乳頭而出現 [41]。吸吮不只是個令人愉悅的動作，更帶有性的意義。因此佛洛伊德主張，嬰孩被迫離開母親的乳房後，便會在童年時期以吸吮大拇指的方式取而代之。而因為吸吮大拇指的愉悅感比不上吸吮母親的乳頭，孩童在進入青春期後會繼續尋覓他人的雙唇作為取代 [42]。阿德琳妮・布魯（Adrianne Blue）評論道，佛洛伊德認為接吻「完整地敘說了人類的故事」 [43]。然而除了佛洛伊德那些新穎的推測觀點外，沒有科學證據能證實接吻和吸吮有所關聯，它們只是看起來相似罷了。

其他探尋吻的起源的理論則把它視為生物的「測謊系統」，並認為有機會發展成伴侶的雄性和雌性個體能透

40 Perella, *The Kiss Sacred and Profane*.

41 Sigmund Freud, *The Psychopathology of Everyday Life* (London: Macmillan, 1919), p. 169 and Sigmund Freud, *Introductory Lectures on Psychoanalysis* (New York: Norton, 1977), p. 365.

42 Sigmund Freud, *On Sexuality* (London: Penguin, 1956).

43 Blue, *On Kissing*, p, 12.

過接吻，在味覺和嗅覺上判斷彼此是否適合。這個觀點認為，人類能藉由吻的品質來判斷未來可能伴侶的個性及以身相許的意願，這似乎和蝸牛撫弄彼此的觸角、鳥類碰觸彼此的喙，或倭黑猩猩熟練地「舌吻」有異曲同工之妙。動物行為學家發現，倭黑猩猩類似舌吻的動作功能在於舒緩爭執後的緊張，是種和解的行為而非浪漫的符號。靈長類動物學家珍‧古德（Jane Goodall）在其名著《我的影子在岡貝》（*In the Shadow of Man*）中寫道：「我看見一隻初到這個群體的雌猩猩，急匆匆地跑到一隻壯碩的雄猩猩面前，向他伸出手。雄猩猩也莊重地伸出手，握住那位『女士』的手朝自己的身子拉近，用他的雙唇吻了一下。」[44] 無論我們如何詮釋動物之間的吻，它的意義必然和人類浪漫的吻截然不同。達爾文（Darwin）也提及黑猩猩們會接吻和擁抱[45]，但牠們的行為是否和人類行為一樣，帶有浪漫的意涵呢？或許牠們只是想聞聞對方的味道，又或許那些只是出於性慾的嗅聞動作。值得一提的是，在麥可‧

44　Jane Goodall, *In the Shadow of Man* (Boston: Houghton Mifflin, 1971), p. 12.

45　靈長類動物的這種行為能在Charles Darwin, *The Origin of Species* (New York: Collier, 1858) 和Charles Darwin, *The Descent of Man* (New York: Modern Library, 1871) 中找到。

席姆斯（Michael Sims）充滿趣味的著作《亞當的肚臍》（*Adam's Navel*）裡，作者認為具浪漫意涵的接吻和嗅聞可能擁有相同的起源。在不少現代部落裡，用一個詞就能含括「接吻」和「嗅聞」兩種意義，這個事實似乎多少能支持席姆斯的觀點[46]。

人類學家戴斯蒙・莫里斯（Desmond Morris）用他的「生殖器模仿理論」（genital echo）來解釋接吻的起源[47]。他主張接吻是在模仿性器接觸，因為嘴唇令人聯想到陰唇，兩者的外觀相當近似。更準確地說，接吻是追求性愛的一種方式，與女性性行為的心像（mental image）有關，這種心像透過嘴唇的活動和姿態被詮釋出來。當然，女性嘴唇帶有性意味是件很直覺的事，化妝品業在製作廣告時必定相當明瞭這點。有趣的是，研究指出男性容易被嘴唇較大的女性吸引，因為大嘴唇可能讓人聯想到開

---

46 Michael Sims, *Adam's Navel: A Natural and Cultural History of the Human Form* (London: Penguin, 2003), p. 122.

47 Morris的想法能在他的數本著作中找到，包括*The Naked Ape: A Zoologist's Study of the Human Animal* (New York: Bantam, 1967); *Intimate Behavior* (New York: Kodansha Globe, 1997); *The Naked Woman: A Study of the Female Body* (New York: Thomas Dunne Books, 2005).

放性和性興奮[48]。莫里斯的理論也和一項認知科學理論一致，該理論認為大腦中的鏡像神經元會針對其他個體的經驗發送訊息，彷彿那些事情發生在我們身上。這或許能夠解釋我們為何無意識地把嘴唇詮釋為生殖器，也或許不能。鏡像神經元是否真有這種功能，還有待商榷。

許許多多的理論陸續出現，意圖解釋吻的意義及演化過程。然而孰是孰非？我想連它們自己也理不清。正如柯申鮑姆所言，所有的爭議是從達爾文以及一些「類接吻行為」開始的，後者屬於性行為中的一大類，其定義比浪漫的吻要寬鬆許多[49]。以生物學的角度來看，「吻是大腦不可分割的一部分」的主張相當缺乏科學根據。如果它在我們體內如此根深柢固，為何世上仍有這麼多人不知其為何物，或至少在地球村形成之前不認識它？這裡再次引用柯申鮑姆的論點：早期的接吻可能只是種打招呼的行為，因為直至今日，接吻仍被當作招呼彼此，或辨認身分的方式，如下所述：

48　Randy Thornhill and Steven Gangestead, "Facial Attractiveness," *Trends in Cognitive Sciences* 3 (1999): 452-460; Randy Thornhill and Karl Grammer, "The Body and Face of Woman: One Ornament that Signals Quality?" *Evolution and Human Behavior* 20 (1999): 105-120.

49　同註8，頁3。

許多早期文化接納了「海洋之吻」（oceanic kiss），它是大洋洲（Oceania）玻里尼西亞人傳統的打招呼方式，因而得名。人們用鼻子「接吻」，互相前後磨擦，同時嗅聞彼此來辨識身分。這可能也是種和親戚朋友相認、重新連繫的可靠方式，或許還能藉此一探對方的健康狀況。[50]

把「吻」這個詞套用到動物行為上是人為的決定，就像用「跳舞」來描述蜜蜂在對同巢的夥伴指示食物來源時的動作一樣。犬類、海豹、黑猩猩、海鷗和許多鳥類的行為在我們看來都和人類的接吻十分相似，我們因此將牠們貼上標籤，說牠們是在「接吻」，但這樣的做法充其量只是種類比。然而，那些字詞的使用影響了我們的觀念，讓我們從動物行為中看出人類自己添加上去的意義。這也是傑出的愛沙尼亞生物學家雅各・魏克斯庫爾（Jakob von Uexküll）曾提出的警告[51]，魏氏觀察到每種動物都有一個內在世界，能以一種選擇性的、該物種特有的方式，來處理每個個體從外在世界接收到的資訊。動物不是人類，只

---

50 同上，頁20。

51 Jakob von Uexküll, *Umwelt und Innenwelt der Tiere* (Berlin: Springer, 1909).

透過觀察一項資訊所引發的行為，不可能了解牠們因為那項資訊做了什麼，因為那是牠們遺傳上的一部分，而不是我們的一部分。柯申鮑姆也提過類似的概念：

　　行為科學家發現，描述動物的感情生活，比描述人類的感情生活要困難許多。因為不同物種會以完全不同的方式來處理資訊，抑或詮釋這個世界的種種。身為一個人類，要從任何面相去了解動物的感受和想法，都是不可能的事。

　　不論生物學上的起源如何，浪漫的吻對人類造成了深遠的影響。整個人體從頭到腳都會對它產生反應。當一對為彼此所深深吸引的情侶初次接吻時，他們的體內會迅速分泌腎上腺素，血壓也明顯升高。經過一段時間，這樣的反應會逐漸減弱，吻於是成為一種表達情感的動作和堅貞不渝的承諾，但它的「熊熊烈火」在許多情境下都能輕易復燃。人類在接吻時，會有多條肌肉同時動作，其中最重要的是口輪匝肌（orbicularis oris），為一條圍繞雙唇的環形帶狀肌肉，穿越鼻子和上唇之間並延伸到臉頰。人類在青春期時，嘴角和口內會發展出特殊的皮脂腺，其化學反應能刺激性慾。接吻會觸發濃度不等的腎上腺素、血清

素、多巴胺,以及天然的腦內啡,這些物質都能讓人欣喜若狂。人們接吻時心跳加速、血管膨脹,讓身體能夠接收比平常更多的氧氣。麥可‧席姆斯曾寫道,我們在接吻時,身體中與性相關的部分「就像電腦系統連結起來,以加速彼此間的溝通」[52]。

接吻也能減少人體內的壓力賀爾蒙——皮質醇。研究者發現在接吻之後,男性和女性體內的皮質醇濃度皆下降,是壓力減少的徵象。這些事實在生物人類學家海倫‧費雪(Helen Fisher)的一本著作《為什麼是他,為什麼是她:了解人格類型尋找真愛》(Why Him? Why Her?)中被提及。作者主張接吻能激起某種「火花」,因此男性和女性藉此來評估彼此的基因是否適合[53]。人類能透過嗅覺來判定與他人的適合性,而交換唾液也許是另一種判定基因適合性的方式,因為唾液中含有睪固酮,可能會無意識地激發女性唾液中的雌激素,使男性能夠(無意識地)藉由評估唾液中的雌激素濃度,來得知女性是否懷有身孕。女性在接吻時體內會釋放多巴胺,引發愛情和性親密的感受。她們也常利用接吻來評估自己的戀愛關係進展得如何。然而除了

---

52 同註46。

53 Helen Fisher, *Why Him? Why Her? Finding Real Love by Understanding Your Personality Type* (New York: Macmillan, 2009).

接吻之外，還有許多其他方式能夠引發性興奮或拿來評估
伴侶。愛因斯坦（Albert Einstein）曾說：「像初戀這麼重
要的生物現象，到底要怎麼用化學和物理來解釋呢？」[54]
浪漫的吻會出現，必然和我們的生物特性有關，然而與其
關係更密切的是歷史，是我們透過叛逆的，或更意義深遠
的動作或象徵對它帶來的改變。正如柯申鮑姆所述，吻已
經演化成一種獨特的姿態，是愛情力量的完美象徵：

　　一個打入心坎的吻，能讓人產生浪漫和親密的感受，
使兩人之間有了連結。若接吻的兩人互相吸引，這些感覺
就能在人與人之間無限地向上提升。也許我們可以利用科
學來調查、研究，甚至從各種角度來剖析吻，然而到最後，
最確切而真實的結論只有一個：接吻是一種共通的語言，
只有當事人才能對它做出最佳的詮釋。[55]

吻的顛覆力量

　　也許讓第一個吻的出現的必要因素，早就在演化時深

---

54 在 *PositiveMed* 網站上被引用 (positivemed.com/happy-life/quotes)。
55 同註8，頁209。

植於我們的大腦中。然而吻已不再只是一種和演化過程相關、出於性慾的行為。就如同前面所探討的，或這本書從頭到尾都在闡釋的一樣，吻是一種反抗的行為，催生了自由表達情感的文化。婚姻不再由他人所安排，而是由戀人自己決定，從家庭和宗教傳統的束縛中超脫。吻不只擁有浪漫和性的力量，更擁有顛覆的力量，演進成流行文化中自由戀愛的完美象徵。因此吻的歷史與文化演變的相關程度，遠大於生物適應。一百年前的小說告訴我們，當時人們普遍認為，女性被她們的戀人親吻時會昏過去。然而在今天，如果電影中的男女在接吻時昏倒，我們會覺得很奇怪。鑽研人類性行為的金賽研究所認為，個體對吻的反應取決於多個因素，其中對接吻者的感覺是最關鍵的。當我們被不喜歡的人親吻或被強吻時，我們不會起雞皮疙瘩，反倒會覺得噁心。

有趣的是，人們可能和配偶以外的人接吻，這便是吻獨具顛覆力量的例證。吻是從無聊的處境中逃脫，進入魅惑世界的不二法門，開啟了一段段婚外情。這樣的故事比比皆是，可能促成欣喜的結局，然而更常以悲劇收場。中古時期的吟遊詩人，一群十二、十三世紀活躍於法國南方的詩人兼音樂家，深諳吻有這種背叛的力量。因此，在他們的詩歌裡，吻和真愛畫上了等號，儘管他們是在和自己

伴侶之外的女人幽會。下面這首詩就是個例子，它由一位
不知名的吟遊詩人寫成：

> 親愛的戀人阿，就讓我倆接吻吧，
>
> 在高歌的鳥兒飛過的草地上；
>
> 盡情吻吧，儘管妒忌的眼神虎視眈眈：
>
> 上帝阿，上帝阿，是黎明！在不知不覺間翩翩降臨。[56]

　　中古時期的流行文學能夠提供一系列的證據，證明對
自由戀愛的表達已經成為日常生活中的一種形式。吟遊詩
人用普羅旺斯語作詩，以情歌（*canso d'amor*）為主要文類。
在情歌裡，愛慕者將他心儀的女性想像為美德的化身，發
揮自己的才藝獻上一曲來歌頌她的美好。吟遊詩人的愛情
頌歌，完全與傳統基督教的道德規範背道而馳。此外，中
古史詩在當時也是一種流行文類，吟遊詩人在大眾場合隨
著伴奏唱頌武功歌（*chansons de geste*），其中最有名的是
《羅蘭之歌》（*The Song of Roland*）（約 1100 年）。《羅
蘭之歌》描述一場由查理曼（Charlemagne）領導的戰役

56　From George Economou (ed.), *Proensa: An Anthology of Troubadour Poetry* (St. Paul, MN: Paragon House, 1986).

中的事件。西元 778 年，查理曼在遠征的歸途中遭遇高山民族巴斯克人（Basques）的埋伏，最後全軍覆沒。

　　也差不多是在這個年代，羅曼史在人們之間廣為流行。羅曼史是長篇的虛構作品，經常充滿精采的冒險，敘說騎士的行俠仗義及對女性的殷勤。《玫瑰傳奇》（*The Romance of the Rose*）是當時最傑出的作品之一，於十三世紀早期由洛里（Guillaume de Lorris）寫成，是一首描寫愛情的寓言詩[57]。在 1275 到 1280 年間，尚·德·莫恩（Jean de Meun）將其續寫為一首諷刺當時社會的諷諭詩。最廣為人知的中世紀羅曼史可能是《高文爵士與綠騎士》（*Sir Gawain and the Green Knight*），由一位不知名的英格蘭作者於十四世紀晚期寫成。故事的主角高文是位騎士，他也是中古英格蘭傳奇人物亞瑟王的侄子。根據由蒙茅斯的喬佛瑞（Geoffrey of Monmouth）所著的《不列顛諸王史》（*History of the Kings of Britain*）（約 1136 年）發展出的亞瑟王編年體敘事，高文爵士在和他叛亂的親屬莫德雷德（Modred）的戰鬥中喪生。在中古時期以法語和德語寫成的記事中，高文被同時描繪成騎士精神的最佳典範以及頭

---

57 Guillaume de Lorrie and Jean de Meun, *The Romance of the Rose,* trans. Frances Hogan (Oxford: Oxford University Press, 1999).

號的偽君子。他的性格既可說是英雄，也可說是惡霸，這樣的矛盾無疑來自他在愛情上的「功蹟」，其中包括與他心儀的有夫之婦激吻。

　　吻在中古流行文化中的起源，也訴說著一個關於賦權和解放的支線故事[58]。把接吻帶進流行文化的那群人，或許是被當時一段眾所皆知的異教神話——賽姬（Psyche）和邱比特（Cupid）的故事所提點。賽姬是一位有著沉魚落雁之容的年輕女子，與邱比特彼此相愛。在雕塑作品中，他們呈現的擁吻姿態通常被詮釋為精神上的結合，將肉體和精神相互連結。賽姬在希臘文中是「靈魂」的意思。她是這個神話中的關鍵角色，象徵人類靈魂和愛與熱情（即邱比特）的相遇，以及靈魂為了從俗世的限制中解放所做的努力。在故事中，賽姬被邱比特解放，成為了一位不凡的女神。促成這一切的，是邱比特的吻嗎？吻在這段故事中的解放力量，也能套用到中古時期的女性身上。自彼時起，女性選擇戀愛對象時漸漸不再受他人左右，能夠自由自在地擇其所愛。

58　Marcel Danesi, *X-Rated! The Power of Mythic Symbolism in Popular Culture* (New York: Palgrave Macmillan, 2009).

第二章
象徵、儀式和神話中的吻

玫瑰就是支是玫瑰的玫瑰。

—— 葛楚‧史坦因（Gertrude Stein，1874-1946）

是什麼促使人類去做他們在做的事？從古代的哲學到現代的心理學和社會生物學，都無法提供令人滿意的答案。這個問題有個較易回答的版本：人類製造出來的事物代表什麼意義呢？這個疑問是符號學的核心，引領著這門研究意義的科學。作為本體論探索的總體框架，符號學方法提示了我們，若要理解像吻這般謎樣的事物，就必須把它當作一種「符號」來研究。符號代表著眾多不同的意義，而這些意義又將其連結到符號網絡中的其他意義結構。愛沙尼亞符號學家洛特曼（Yuri Lotman）將此符號網絡稱為符號域（semiosphere），即人類心智所處的、符號的存在與運作空間[1]。

吻並不只是對性訊息的本能反應。它從中古時期開

始，就成為了浪漫愛情的符號，與世界各地特有的儀式和
象徵相互連結。比方說，玫瑰和巧克力即是吻在文化上的
衍生物，人們會想像它們香甜的氣味和口感，進而將其視
為與吻相關的比喻[2]。這是件甚早以前就顯而易見的事，
法國中古時期的一種習俗可供佐證。當月亮完整走過一個
盈虧週期時，戀愛中的情侶便會喝下一種名為 metheglin、
用蜂蜜製成的酒，它被認為有增進情感的作用。於是人們
從這個習俗發展出「蜜月」的概念，或相信新婚夫婦必須
共度一段浪漫的期間，以一種象徵甜蜜的方式讓他們剛建
立的關係更加緊密。其實這段「新婚期間」的概念起源自
古巴比倫，當時的新婚夫婦照慣例會獨處一個月，以便開
始繁衍後代，但在「月」下的一段「甜蜜」時期中享受浪
漫的觀念，仍要等到中古時期才出現，自彼時起，如巧克
力般帶甜味的事物被與愛情密不可分地連結起來。有趣的
是，義大利的一家糖果廠商（Perugina）因為它的 Baci（意
謂「吻」）產品而變得有名，每一顆個別包裝的巧克力裡

1　Yuri Lotman, *Universe of the Mind: A Semiotic Theory of Culture*
　　(Bloomington: Indiana University Press, 1991).

2　Thomas A. Sebeok and Marcel Danesi, *The Forms of Meaning: Modeling
　　Systems Theory and Semiotics* (Berlin: Mouton de Gruyter, 2000) 將這些
　　形式適切地稱作「元形式」（metaforms）。

頭，都能找到關於愛情的一首小詩或一句諺語。巧克力、
玫瑰、其他愛情的象徵和儀式等諸如此類的主題可謂一個
切入點，我們能夠藉此了解吻如何牽動與愛情相關的大眾
習俗的興起。研究此二者之間的連結，正是符號學方法的
精髓所在。

愛情的象徵

　　巧克力被西班牙人由新大陸帶到歐洲，他們是在
1519 年左右從阿茲特克和馬雅人那裡得知此物。巧克
力於 1657 年左右輸入英國；1765 年，巧克力首次在
美國製造，地點是麻塞諸塞州多爾切斯特（Dorchester,
Massachusetts）的下米爾頓磨坊（Milton Lower Mills）[3]。
從那時開始，它就成為一種現代世界中較多人公認的愛情
象徵。例如在情人節當天，贈送一盒巧克力、花束和一張
合適的卡片已經成為全球通行的求愛儀式[4]。但雖然我們

3　對糖果歷史的深入探討可參見 Tim Richardson, *Sweets: A History of
　　Candy* (New York: Bloomsbury, 2002)。

4　如同前一章，這裡引用的資料有數個出處，包括 William Cane, *The
　　Art of Kissing* (New York: St. Martin's Griffin, 1995); Karen Harvey, *The
　　Kiss in History* (Manchester: Manchester University Press, 2005); Andréa
　　Dmirjian, *Kissing: Everything You Wanted to Know about One of Life's*

今天把巧克力和甜味聯想在一起，chocolate 這個詞其實要追溯到原住民語中一個意謂「苦水」的詞。這可能是因為巧克力的原料——可可樹的果實是苦澀的，經過發酵才會產生甜味。從馬雅的象形文字中可以得知，巧克力被運用在多種儀式上，各有不同的用途，提供性刺激是其中之一，據稱它能增強男人的性能力，並讓女人更熱中於性事。而在瑪麗亞・特蕾莎（Maria Theresa）公主毫無保留地把可可豆送給路易十四（Louis XIV）當作訂婚禮物後，歐洲一些地區的貴族也開始把巧克力視為愛情的象徵。不久之後，加了糖的巧克力在法國掀起一陣狂潮，被在地人當作一種催情劑；自彼時起，人們對愛情的一種想法也逐漸成形，把愛情視為嚐來甜美的經驗[5]。而相信加糖的巧克力能激起熱情、增強男性性慾的，正是十七世紀時的一代風流人物賈科莫・卡薩諾瓦（Giacomo Casanova）。到了二十世紀，廠商開始利用「愛情興奮劑」的名義大力促銷，巧克力於是成為情人節的必備品[6]。

　　情人節的故事有幾種不同的版本。其中一種要追溯到

Sweetest Pleasures (London: Penguin, 2006); Lana Citron, *A Compendium of Kisses, Facts, Quotes, and Curiosities* (New York: Harlequin, 2010)。

5　同註3。

6　同上。

古羅馬人的習俗，每年的 2 月 15 日，他們都會在帕拉蒂尼山（Palatine Hill）的盧佩爾卡（Lupercal）山洞附近舉行豐收盛宴，慶祝牧神節。羅馬神話中，有匹狼在這裡哺育了一對雙胞胎羅穆路斯和雷穆斯（Romulus, Remus），他們據傳是羅馬的創建者。在慶典之中，年輕男性用狼皮做成的條狀物敲打年輕女性，相信這麼做能讓她們更多產。西元前 43 年羅馬人開始征服不列顛後，不列顛人便接收了許多羅馬的習俗和節慶，牧神節就是其中之一，被重新塑造為基督教的版本。狼與生育力之間的連結，似乎和從生物原型引申出的弦外之音兩相呼應。狼在夜晚嚎叫，這是牠們一天當中求愛的時刻。今天的人們把求愛和夜晚聯想在一起，或許和這個古老的儀式有關。

另一種版本則是一位牧師聖瓦倫泰（Valentine）的故事，據說他在西元 269 年 2 月 14 日的羅馬遭克勞狄二世（Claudius the Goth）處決。西元 350 年，羅馬城內蓋了座大教堂來紀念他，人們也在地下墓穴中找到他的遺骨。聖瓦倫泰在世時，羅馬皇帝要求年輕男子從軍，並禁止他們結婚。這位牧師違反皇帝的命令，私下為年輕情侶證婚，當場被逮捕入獄。在獄中，他愛上了獄卒失明的女兒，聖瓦倫泰虔誠的禱告和愛情的力量讓她奇蹟似地恢復了視力。從這一刻起，他的名字就和愛情結下了不解之緣。

　　第三種說法則把情人節和古老的英國傳統做連結——人們相信鳥兒會在 2 月 14 日這天選擇牠們的伴侶。喬叟（Chaucer）在《眾禽議事》（*The Parliament of Fowls*）中寫道：「就是在情人節這天，所有的鳥禽都到那兒挑選自己的伴侶。」[7]Lovebirds（愛侶）這個詞可能就是這樣來的。這個詞彙指的也可能是一種相當鍾情於伴侶的小型鸚鵡，牠們總會在另一半身旁坐上許久。然而要等到 1868 年，這個詞才首次出現在書本上——狄更斯（Dickens）在他的小說《荒涼山莊》（*Bleak House*）中寫道：「賈比先生步向窗邊，撞見了一對愛情鳥（lovebirds）。」[8]

　　我們無法確定哪一種版本最符合史實[9]，能確定的是現代人在情人節當天慶祝愛情，有其獨特的儀式和象徵，這些儀式和象徵來自浪漫愛情的自由表達，而非與撮合婚姻相關的風俗習慣。情人節當天贈送巧克力，正是浪漫愛

7　Geoffrey Chaucer, *The Parliament of Fowls* (Ten Speed: Kindle edition, 2012)；同時參見 Clyde R. Bulla, *The Story of Valentine's Day* (New York: HarperCollins, 1999)。

8　Charles Dickens, *Bleak House* (London: Chapman and Hall, 1868), p. 249.

9　對情人節起源的各種紀錄和討論可見Nancy J. Skarmess and Stacy Veturi-Pickett, *The Story of Valentine's Day* (Nashville: Ideals Publications, 1999); Bulla, *The Story of Valentine's Day;* Natalie M. Rosinsky, *Valentine's Day* (Minneapolis: Compass Point Books, 2003)。

情理應喚起的「甜蜜魔法」的一部分。由喬安・哈里斯（Joanne Harris）同名小說改編的 2001 年電影《濃情巧克力》（*Chocolat*），在大銀幕上把這件事詮釋得淋漓盡致[10]。《濃情巧克力》敘說一位年輕母親帶著她六歲的女兒，來到一座抑鬱的法國村莊的故事。她在村裡開了家小巧克力店，而她賣給人們的巧克力改變了他們的生活。一對中年夫妻的感情死灰復燃；一位長輩受到了鼓勵，決定去追尋他的暗戀對象。其他的浪漫奇蹟也一個個地出現，是巧克力的神奇力量讓這一切成為可能。

　　要好好慶祝情人節，除了一盒巧克力以外，一束鮮花，特別是玫瑰花，也是不可或缺的。在古羅馬，如果一個房間裡正在進行祕密會議，人們會在房門上方掛上一支玫瑰，玫瑰因此成為機密的象徵；那場會議即被稱為「在玫瑰下」進行（sub rosa）。在古代世界的其他地區，玫瑰象徵的則是女性的美麗和愛情。有些人們相信希臘神話中的花神克羅莉斯（Chloris）把生命注入死去的仙女的軀體，因而創造了玫瑰。玫瑰也和女神阿芙蘿黛蒂（Aphrodite）有關，她的摯愛阿多尼斯（Adonis）的血將花朵染成了鮮紅，成為她美麗的象徵。從這段歷史來看，

10　Joanne Harris, *Chocolat* (New York: Doubleday, 2009).

我們不難理解當吻開始代表中古時期自由和（經常是）祕
密的愛情時，玫瑰就搖身一變，成為祕密愛情和女性美麗
的完美象徵，把這種花在古羅馬和神話中的意義合而為
一，成為一種符號。在一部充滿機智的小說《玫瑰的名字》
（ *The Name of the Rose* ）裡，符號學家、作家安伯托・艾可
（Umberto Eco）巧妙地闡釋這樣的象徵，說明它如何在
中古晚期誕生；於此同時，激烈的社會和文化變遷正逐漸
成形 [11]。小說中的玫瑰是種反抗的記號，和以教會為出發
點的道德秩序背道而馳；這些秩序剝奪女性的社會權力，
並把她們局限在撮合婚姻的體制下。如同艾可所示，玫瑰
是種十足的記號，代表人們從教會霸權中解放出來。間接
的證據來自一些中古時期的文本，例如在上一章提及的法
文寓言詩《玫瑰傳奇》，把玫瑰用作女性美和情慾的象徵，
因其外觀暗寓著生殖器 [12]。簡單來說，當一位中古時期的
紳士把玫瑰送給女性時，便是在對她示愛以及讚賞她的美
麗；那位男士同時也在邀請女士和他幽會。玫瑰是宮廷愛
情行為及其解放力量的象徵。

　　瑪莉蓮・亞隆（Marilyn Yalom）曾提到，十二世紀

11　Umberto Eco, *The Name of the Rose* (New York: Harcourt, 1983).

12　Guillaume de Lorrie and Jean de Meun, *The Romance of the Rose,* trans. Frances Hogan (Oxford: Oxford University Press, 1999).

宮廷愛情傳統的出現把女性的身體愉悅和情感需求推上
檯面 [13]。人們預期男性在愛情裡必須為女性無怨無悔地付
出，證明自己對她們的愛，而非將其視為理所當然。就這
點而言，宮廷愛情和婚姻沒有直接的關係──真愛也可能
發生在兩個完全不認識的人身上。幽會、偷情和其他我們
今天司空見慣、將之視為汙點的兩性糾葛，都帶有挑戰規
範的社會意味，催生了紳士風度和「墜入愛河」的傳統，
與被預先安排好的相親「推入愛情」相反。

　　玫瑰從中古時期開始就成為浪漫愛情最重要的象徵。
不同顏色的玫瑰更是風情萬種，所代表的浪漫情懷各有不
同。紅色讓人聯想到女性的陰柔和生育力，因此占有主
導地位，而化妝品製造商善加利用了這點並妥善發揮。在
2009 年，由多倫多大學學生組成的小型研究團隊調查了
一群受試者（二十位男性、二十位女性）在情人節當天想
送給戀人什麼顏色的玫瑰，以及想從戀人那兒收到什麼顏
色的玫瑰。大部分的人都把紅色排在第一順位，黃色則是
第二名，這可能是因為黃色與嫉妒感有所關聯，因此令人
間接聯想到愛情和可能發生的背叛行為。這項研究相當不

13　Marilyn Yalom, *How the French Invented Love* (New York: HarperCollins, 2012).

正式且受限，但它得出的結果，和其他以玫瑰的色彩象徵
為主題的一般研究大致相符[14]。對紅色的偏好也和上一章
提過的，戴斯蒙·莫里斯的生殖器模仿理論相呼應，透過
聯想解釋了紅色能對男性造成性刺激，因而被廣泛運用在
唇膏和其他化妝品上[15]。莫里斯指出紅色會將女性的「隱
蔽排卵」昭告男性，無意識地刺激男性的性感受。莫里斯
在這方面的論述由柯申鮑姆整合如下：

　　為了測試「生殖器模仿」理論，莫里斯讓男性自願者
觀看一些女性的照片，每張照片中的女性都擦著不同顏色
的唇膏。他接著要求那些男性評比每張照片吸引他們的程
度，結果所有自願者一致認為，以明亮的紅色唇膏為主題
的照片最煽情也最具吸引力。莫里斯提到：「唇膏製造商
創造出來的不是更美麗的嘴巴，而是對超級陰唇。」[16]

　　紅色也和血液有關，而血液的源頭是心臟。這也許

---

14 參見 Annette Stott, "Floral Femininity: A Pictorial Definition," *American Art* 6 (1992): 60-77。

15 參見 Sheril Kirshenbaum, *The Science of Kissing: What Our Lips Are Telling Us* (New York: Grand Central, 2011), pp. 12-14。

16 同上，頁13。

能夠解釋心臟為何在不同的時代和文化中被視為，或成為愛情的比喻。古埃及人認為心臟是愛情的所在地，一切愛意都從那兒萌生。古代的煉金術師也認為心跳和愛情的節奏是同步的。在黛安·艾克曼（Diane Ackerman）1991年以感官為主題的《感官之旅》（*A Natural History of the Senses*）書中，她寫道：「從古到今，人類總是認為愛情存在於心臟之中，這可能和它響亮、規律又使人安定的跳動有關。」[17] 在羅馬神話裡，邱比特的箭能穿過心臟，代表當愛情開始在我們心中悸動時，我們便無法逃避它吞噬一切的力量。這也表示當愛情萌芽時，我們這輩子就會和另外一個人難分難捨。兩人之間密切的關係時常藉由兩種愛情象徵來呈現──戒指和同心結，而兩者都有悠久的歷史。其中鑽戒自從出現在古印度，就被尊為愛情儀式的一部分，代表珍貴而永恆的結合。戴比爾斯（De Beers）1948 年的廣告宣傳活動以「鑽石恆久遠，一顆永流傳」為主題，便運用了這種潛在的象徵意義[18]。鑽戒成為了天長地久的承諾。

---

17 Diane Ackerman, *A Natural History of the Senses* (New York: Vintage, 1991), p. 145.

18 參見 James B. Twitchell, *Twenty Ads that Shook the World* (New York: Crown, 2000)。

　　在西元二世紀執筆創作的羅馬詩人普勞圖斯（Plautus）提到戒指在他之前的年代就象徵著愛情。事實上有些學者認為，戒指和愛情相關的意義可以追溯到史前時代。在當時，把戒指套到手指上可能有模仿性交的含意，也因此被視為對生育的承諾[19]。在古埃及的結婚典禮上，男女雙方會交換戒指。新郎新娘把戒指戴在左手的中指上，因為人們相信那根指頭上的血管能直接通往心臟。在婚禮中交換金戒指的習俗則從西元 860 年開始，教宗尼古拉一世宣布了一道政令，規定結婚戒指必須用黃金做成，目的在確保新郎除了在感情上、在經濟上也能對女方做出承諾。

　　用緞帶編成的同心結如同鑽戒，被普遍地視為永恆愛情的象徵。許多彎曲而相互纏繞的環就像莫比烏斯（Möbius）帶一樣，沒有起點也沒有終點，代表著「結合」之義。同心結象徵的起源眾說紛紜，有些學者認為它來自阿拉伯的求愛傳統；其他人則認為它來自水手向祕密情人傳達愛意時綁的繩結[20]。但不論如何，同心結就如吻一般，無疑地代

---

19 例如參見 Ingemar Nordgren, *The Well Spring of the Goths: About the Gothic Peoples in the Nordic Countries and on the Continent* (Lincoln, NE: iUniverse, 2004), pp. 191-193。

20 關於同心結的起源和意義，參見 Charlotte Bingham, *The Love Knot*

表著一種永恆的懷抱，一種穿越時空的結合。而吻其實也
帶有結的喻意，兩個軀體和靈魂藉由雙唇的接觸合而為一。

　　若要找出一個普世通用，和吻與愛脫不了關係的象
徵，月亮必然是雀屏中選的第一名。過去人們把月亮當作
一位擁有強大力量的女神，這反映在許多浪漫時期的歌劇
當中，例如溫琴佐・貝里尼（Vincenzo Bellini）的《諾瑪》
（*Norma*）和朱塞佩・威爾第（Giuseppe Verdi）的《遊唱
詩人》（*Il Trovatore*）。古羅馬人叫她露娜（Luna），希
臘人則叫她阿提密斯（Artemis）。對月亮的崇拜在異教文
化中相當常見[21]。在《仲夏夜之夢》（*A Midsummer Night's
Dream*）的第一幕第一場中，莎士比亞把月亮比作「天上
新彎的銀弓」。人們認為瘋狂的事情總會在滿月時發生；
不同於星空下的愛情，月光下的求愛傳達出來的無非是悲
傷、背叛或其他「瘋狂」的心理狀態。

愛情儀式

　　儀式是象徵的表現[22]。人們透過儀式象徵性地表達對

　　（London: Randon House, 2000）。

21　參見Jules Cashford, *The Moon: Myth and Image* (London: Cassell, 2002)。

自己的想法，以及與這個世界之間的關係，而這些想法擁有情緒上的意義。許多儀式起源於對神明直覺性的感知，愛情儀式更是如此。古代文化中絕大部分都相信有特定的神明「負責」讓人們墜入愛河，厄洛斯（Eros）和邱比特（Cupid）就是兩位這樣的愛神。Eros 在希臘文中代表「欲望」。他是一位來自混沌（Chaos，字面意為「打哈欠的虛空」）的神祇，象徵著性慾的原始力量。厄洛斯是阿芙蘿黛蒂和阿瑞斯（Ares）之子。羅馬神祇邱比特常以蒙眼的形象出現，象徵愛情的盲目。如我們所見，沒有一個被他的箭射穿的人能不戀愛。大致上來說，根據特定儀式來安排的婚姻是種規範，是種延續到中古時期的傳統。在當時，婚姻實質上是家庭之間的交易，抑或建立政治同盟的手段[23]。

因為愛情儀式在每個社會中大不相同，有些做法在外人眼中可能非常奇怪。比如在古代北歐的傳統中，少女成

22　Claude Lévi-Strauss, *Myth and Meaning: Cracking the Code of Culture* (Toronto: University of Toronto Press, 1978).

23　關於不同時空的各種結婚儀式的探討可見 Ethel Lucy Urlin, *A Short History of Marriage: Marriage Rites, Customs, and Folklore in Many Countries and All Ages* (State Park: Pennsylvania State University, 1990); George P. Monger, *Marriage Customs of the World: From Henna to Honeymoons* (Santa Barbara: ABC-CLIO, 2004)。

年後需在皮帶上配戴一個空的刀鞘。中意她的求愛者會把刀子放進鞘裡，少女於是把裝著刀子的鞘繼續戴在身上，代表自己已有婚約。這在現代人看來可能非常怪異，因為儀式中的陽具象徵十分明顯，但這其實跟贈送戒指來昭告雙方的結合沒有太大的差別。重點在於贈予的動作，而不在贈送的物品。在十七世紀的威爾斯（Wales），情人的禮物是種雕刻得相當精巧的「鴛鴦匙」，求愛者會自製這種湯匙，送給他傾慕的對象來表達愛意。在差不多同時期的英國，男性通常會送給他的情人一副手套，表達求婚之意。如果她在星期天戴著那副手套上教會，就代表她接受了求婚。所有的儀式到頭來都把婚姻看作是條「（把雙方）綁在一起的繩帶」。在一些傳統的非洲社會裡，人們把細長的草葉編在一起，綁住新郎新娘的雙手，來象徵兩人的結合。在印度教的婚禮中，人們也用一條細緻的繩線，把新娘的一隻手和新郎的雙手綁在一起。

比任何團體都還恪守美國清教主義的貴格會教徒，有著一種甚至對他們自己而言都很奇特的儀式，這個儀式也和吻有關係。青少年教友聚會時最喜歡的活動是混戰式的接吻遊戲，最後總是弄得瘀青或擦傷。這個遊戲的歷史可以追溯到 1900 年代早期。在遊戲進行時，所有的參加者一男一女兩兩搭配，只留下一位男孩當「眨眼者」

（winker）。配對好的男女席地而坐，每位男孩從後面抱住同組的女孩。眨眼者接著選擇一位女孩並對她使眼色，被選中的女孩必須馬上衝過去吻他，而和她同組的男孩則要盡力抓緊她，不讓她跑掉，接踵而來的便是一場「暴動」。2002 年，該會在英國的支派在官方場合發表聲明，表示對這個遊戲不以為然，該當捨棄。理由不在於其中的性暗示，而在於政治正確性的考量——孩童和成人不得遊玩的規定帶有年齡歧視，也違背了貴格會的基本信條——人人平等的原則。

貴格會的這種「儀式」和現代社會中青少年玩的一些接吻遊戲，其實沒什麼差別。後者包括了真心話大冒險、天堂的七分鐘、轉瓶子、郵差（接吻）遊戲等等，常在派對中用來活絡氣氛。1996 年以青少年為導向的電影《獨領風騷》（Clueless）中有個片段描摹了另一種稱為「吸氣與吹氣」（Suck and Blow）的接吻遊戲，所有玩家圍成一圈，用嘴巴吸氣或吹氣來傳遞一張紙牌。遊戲的重頭戲在於如果某一對男女不慎讓卡片滑落，就必須偷偷吻對方一下。因為這些遊戲來自媒體而非歷史傳統，壽命比較短暫，今天仍在遊玩的人並不多，但它們指出了求愛與儀式兩者息息相關的事實。若沒有儀式，求愛就只會是身體和本能上的行為。儀式賦予了求愛行為身體之外的意義，而

這種意義也深植在本節中討論到的，伴隨儀式而來的象徵之中。

　　吻是大部分現代儀式和習俗的核心。一個美國雪城大學（Syracuse University）1912 年畢業班的故事已在校園裡成為傳說。似乎是當年的那些學生留下了一張石長椅，希望創造出一個關於愛情的傳統。例如在 1950 年，人們相信如果女同學坐在上面被親吻，找到好老公的機率就會增加。在 1970 年代，考量到女性在社會中日益顯著的新角色，這樣的傳統被稍作修改。新的說法是：如果女性在那張椅子上吻了一個人，她就能順利畢業和成家。今天的說法則變成：若一對男女坐在這張椅子上接吻，就會攜手步入禮堂。另一個故事發生在墨西哥的瓜納華托（Guanajuato），城裡有個被稱為「接吻巷」（el Callejón del Beso）的（接吻）景點，根據當地傳說，一樁奪命愛情事件就在那兒拉下帷幕。一位年輕女性和情人相約該處準備私奔，但她的父親發現了她們的計畫，就用刀子刺穿了女兒的心臟。女主角的情人在她垂死時，最後一次親吻她的手。如此迫切而絕望的動作是浪漫愛情的深刻表現，這條巷子因而得名。在今天，人們相信在那裡接吻的每一個人都能得到七年的幸福愛情和好運。這條巷子也因為它浪漫的歷史淵源，成為廣受歡迎的旅遊景點。

　　紐約埃利斯島（Ellis Island）移民登記室裡的「接吻柱」（kissing post）訴說著另一個和吻有關的故事。那根柱子是數百萬移民在抵達美國後，第一次和家人朋友見面的地方，因而相當著名。當地的海關人員見證許多移民與親戚家人重聚，幸福地擁吻，更看見許多重逢的愛侶浪漫地接吻，因此給了「接吻柱」的名字。接吻柱於是成為自由、團員、新開始和情人重聚的象徵。

　　另一個眾所皆知且相當有趣的習俗，莫過於人們聖誕節時要在檞寄生下接吻[24]。有種說法認為這個傳統來自北歐神話。神話中的天空女神弗麗嘉（Frigg）有兩個兒子，其中光之神巴德爾（Balder）為她所鍾愛。為了保護巴德爾不受任何的傷害，她對所有植物施展了咒語，使它們不會傷害他。但弗麗嘉卻忽略了檞寄生。狡詐之神洛基（Loki）於是唆使另一位神祇用檞寄生做成的標槍殺死了巴德爾。眾神最後讓巴德爾復活，弗麗嘉接著宣布檞寄生從此以後只會為世界帶來愛，而非死亡，不久後人們便開始在檞寄生下接吻，這樣的傳說繼續流傳。另一種說法則宣稱檞寄生在古代被人們當作一種春藥，因此成為婚禮的

---

24 關於檞寄生相關傳說的探討可見 Betty Neels, *The Mistletoe Kiss* (New York: Harlequin, 1998)。

一部分，且常被放在新婚夫妻的床下，祈求女方能順利懷孕。這個傳統傳到英國時變成了我們今天的儀式：年輕男性會親吻站在槲寄生下的未婚女性，並在每次接吻後拔走上面的一顆莓果。人們認為如果所有莓果都被拔光還照樣接吻，就會帶來噩運。槲寄生下的那一吻是一種未言明的、雙方適合結為連理的保證。

另一個傳說則和古代的德魯伊（Druid）有關，他們相信橡樹是一種神聖的植物，因此崇拜長在上頭的槲寄生。羅馬作家普林尼（Pliny）對此解釋如下：

德魯伊，也就是他們的巫師，把槲寄生和它附著的樹視為最神聖的東西，而那種樹木必須是橡樹。槲寄生非常少見；當巫師們找到它時，會舉行莊重的儀式來摘取。[25]

在古代，用卡片來表達愛意也是一種有趣的傳統儀式。還記得那位在獄中和獄卒女兒相戀的牧師聖瓦倫泰的故事嗎？臨刑的前一晚，他寫了封信給那位女孩，底下簽上了「妳的聖瓦倫泰」（From Your Valentine）。有些歷史學家認為這封信就是情人卡的由來，其他學者則追溯喬

---

25 引用自 Kirshenbaum, *The Science of Kissing*, p. 48。

叟《眾禽議事》裡的幾行文字：

For this was on seynt Volantynys day
When euery bryd comyth there to chese his make.[26]

　　這段話的意義如下：「就是在聖瓦倫泰節這天，所有的鳥兒都到那裡選擇自己的伴侶。」到「那裡」的方式便是透過卡片。《眾禽議事》這首詩是為了讚頌英格蘭國王理查二世（Richard II）和波希米亞郡主安妮（Anne of Bohemia）訂婚一周年而寫的。人們通常認為喬叟在詩中描述的是情人節，但有些文學批評家推測他指的可能是 5 月 3 日，即教會曆書中慶祝熱那亞的聖瓦倫泰（Valentine of Genoa）的日子。但就和許多文獻學上的推測一樣，這一切就只是推測而已。

　　西元 1415 年，囚禁在倫敦塔的奧爾良公爵查理一世（Charles, the Duke of Orleans）送出了歷史上的第一張情人卡，收件人是他的妻子。這張卡片今天在大英博物館公開展示。而在 1880 年代的英國，假如一位紳士對年輕女性有興趣，他不應該直接上前攀談。在經過正式介紹後，

---

26 Chaucer, *Parliament of Fowls,* p. 23.

若紳士希望陪那位淑女回家，便會遞給她一張卡片。當天夜深時，那位淑女便會看看她有哪些選擇，並挑選中意的男士。她會寫張卡片通知那位幸運兒來送她回家。整個求愛的過程幾乎都在女方的家中，在父母或監護人戰戰兢兢的眼下進行。如果雙方的關係有所進展，他們才能移動到前廊。神魂顛倒的情侶見面時幾乎都有女伴在旁，而求婚則常以遞出正式信件的方式進行[27]。

愛情神話

許多吻的命名都和神話或哲學思想有關。例如沒有肉體關係的情人在臉頰上的吻被稱為柏拉圖式的吻。這樣的命名有些奇妙，因為它並不是希臘哲學家柏拉圖提出的，且相當諷刺地，柏拉圖其實把性慾視為精神戀愛的基礎。是文藝復興時期的哲學家馬爾西利奧・費奇諾（Marsilio Ficino）用「柏拉圖式愛情」來形容「讓人們準備好接受神愛的一種愛情」[28]。

---

27 關於情人卡起源的不同說法，參見 Robert Brenner, *Valentine Treasury: A Century of Valentine Cards* (Atglen, PA: Schiffer Publishing Company, 1999)。

28 關於這個論點，參見Michael Allen和Valery Rees的多本著作：*Marsilio*

　　頸上的吻也被稱為「吸血鬼式的吻」，是種熱情而肉慾的咬吻。它可能是和神話關係最密切的一種吻；吸血鬼的神話早已在通俗故事中根深柢固。

　　幾年前，《柯夢波丹》雜誌報導吸血鬼式的吻被女性票選為最帶情色意味的吻，但並沒有解釋其中的原因[29]。這很明顯和德古拉的傳奇有關。就我們所知，是伯蘭·史杜克（Bram Stoker）1897 年以德古拉為名的小說，讓他進入了現代世界[30]。德古拉的形象與他所在的時代——浪漫後期完美配合，挑戰權威，散發熱情及性的力量，同時復甦了如同神話般的，對不朽的探尋。即便沒有確實的證據，人們可能從古代開始就相信吸血鬼的存在[31]。但要等到十八世紀的東歐，吸血鬼的議題才浮上檯面，因為當時的人們相信那是種真實的生理狀態。許多人認為吸血鬼夜晚時被強烈的性慾喚醒，並在他們黑暗的斗篷下得到滿

Ficino: His Theology, His Philosophy, His Legacy (Leiden: Brill, 2002)。

29　見於該雜誌的網站：http://www.cosmopolitan.com/sex-love/tips-moves/four-kisses-must-master。

30　Matthew Beresford針對現代世界中的德古拉神話做了極佳的探討：*From Demons to Dracula: The Creation of the Modern Vampire Myth* (Chicago: University of Chicago Press, 2009)。

31　參見 Linda Sonntag, *Seduction through the Ages* (London: Octopus, 2001), pp. 120-124。

足。讓吸血鬼真正死亡的唯一方式是用木樁刺穿他的心臟。史杜克的靈感便是來自上述的傳說，但奇怪的是，他筆下的吸血鬼在白天出沒，而且沒有穿著斗篷。斗篷是在1931 年由貝拉・盧戈西（Bela Lugosi）主演，改編自 1927年舞台劇的電影《德古拉》（*Dracula*）之後才加入吸血鬼的神話中。1941 年由小朗・錢尼（Lon Chaney, Jr.）主演的《德古拉之子》（*Son of Dracula*）進一步把「陽光能殺死吸血鬼」的想法加進了神話。在二十世紀裡，流行小說逐漸把德古拉變成一位溫文、俊俏、有魅力又危險得相當迷人的貴族。他在女性脖子上的吻帶有性的意味，《柯夢波丹》的調查結果如此暗示著。德古拉是否就像傳說中的情聖唐璜（Don Juan），是人們無意識地將虛構人物理想化的結果？吸血鬼至少在前幾個世紀都被女性視為是對自身（或引申到社會秩序上）有危險、必須敬而遠之唯恐被變成對性愛貪得無厭的生物，如何能成為一位充滿性魅力的祕密情人？琳達・桑塔格（Linda Sonntag）這麼認為：

　　性慾和恐懼、鮮血和死亡的有力結合將種種認知送入潛意識。親吻和咬的動作都帶有性的意味。他在夜晚來到做著夢的純真少女身旁，誘姦她們讓她們流著血，少女於是成為性慾高漲的狂暴生物。在白天，她們依然純真而無

精打采，但到了晚上她們就會變成縱慾的妖女，需要以情
色的咬吻維持生命。[32]

德古拉是打破禁忌的象徵，他挑戰權威和道德上的
束縛。歌德（Wolfgang von Goethe）和柯勒律治（Samuel
Taylor Coleridge）等詩人注意到這樣的象徵，把吸血鬼的
神話作進一步的發揮，分別在 1797 年和 1800 年創作了
《科林斯的新娘》（*The Bride of Corinth*）和《克里斯塔貝
爾》（*Christabel*），女吸血鬼在小說的歷史上初次登場。
這些作家拓展了敘事，賦予女性公開表達情慾的權利，同
時發掘吻的出現所帶來的女性解放的次文本。在 1872 年，
雪利登·拉·芬努（Sheridan Le Fanu）在他的小說《卡蜜
拉》（*Camilla*）中創造了首位女同性戀吸血鬼。這部小說
成為幾部電影的靈感來源，羅傑·瓦迪姆（Roger Vadim）
1962 年的《血與玫瑰》（*Mourir de Plaisir*）就是其中之一。
　　不管相信吸血鬼存在的象徵意義為何，這種思維無
疑具有相當大的吸引力，也為現今的人們帶來不少饒富興
味的故事，例如《暮光之城》（*Twilight*）系列電影，或
《魔法奇兵》（*Buffy the Vampire Slayer*）、《噬血真愛》

---

32 同上，頁123。

（*True Blood*）等電視劇，都代表流行文化的嶄新動向，並帶著一絲迎合女性需求的意味[33]。如同格雷戈里·L·雷斯（Gregory L. Reece）所寫，吸血鬼信仰完美刻劃了我們在人際關係中探尋的事物：

> 就此看來，我們都是「真實的吸血鬼」。我們必須隨時找尋能量以及生命和希望的泉源。為了活著，我們必須創造關係，與願意給予或接受的人產生關係。而就像吸血鬼一樣，太陽一升起，我們會隨即化成灰燼。就像吸血鬼一樣，如果沒有生命中的必需品，我們就會腐爛脫皮，鼻子開始鬆脫，溢滿腐敗的氣體而腫脹，最後成為自己血灘上的一具浮屍。[34]

　　吸血鬼的神話也和月亮的象徵以及狼人關係密切。吸血鬼的故事也許能往前追溯到更古老的神話傳統。在希臘神話裡，邪惡的統治者萊卡翁（Lycaon）意圖殺害宙

---

33 推薦一本關於《暮光之城》現象的研究選集：Giselle Liza Anatol 所編的 *Bringing Light to Twilight* (New York: Palgrave Macmillan, 2011)。

34 Gregory L. Reece, *Creature of the Night* (London: I. B. Tauris, 2012), p. 95.

斯。但他沒有得逞，宙斯於是把他變成狼人。狼人從此便在許多故事中出現。在其他的故事裡，人們用穿狼皮、喝狼腳印中的積水或在身上塗抹「魔法藥膏」的方式變成狼人。此外，他們也可能被其他人的魔法變成狼人。在大部分的故事裡，狼人都想吃人，而不只是在脖子上親一下而已[35]。這類故事中最具代表性的就是《小紅帽》了。在最初的版本中，那位小女孩沒能在大野狼的襲擊下逃過一劫。當然，她在後來的「修訂版」中都安然無恙。故事中遭受狼人威脅的人們用了幾種方式來讓他們恢復人形，包括呼叫狼人的本名、在他額頭上敲三下，抑或擺出十字架的手勢。

肉體和精神間的途徑

　　浪漫的吻自從出現以來，就象徵著精神和肉體之間的途徑。這個主題在中古時期的宮廷愛情故事中隨處可見，使它們成為第一批真實的例子，能夠代表新興且益見茁壯的大眾文學——一種書寫一般人戀愛及失戀、將愛情視為

35　參見 Montague Summers, *The Werewolf in Lore and Legend* (Minneola, NY: Dover, 1933)。

理想的文學。這些作品中的吻別具意義，讓男女主角「從此過著幸福快樂的日子」。不論寫實與否，這樣的理想成為後續浪漫敘事的次文本，讓男人和女人成為大眾想像中的王子和公主。在格林兄弟（Brothers Grimm）十九世紀寫的童話《玫瑰公主》（*Briar Rose*）中，王子的吻喚醒了整個王國，男女主角從此共度幸福快樂的一生。這個生動的「王子親吻睡美人」的故事由宮廷愛情敘事衍生而來。故事中的女主角驚為天人，讓王子不禁時時刻刻都凝視著，他彎下腰給了她一個吻。就在這一刻，她睜開了眼對王子微笑。他們攜手同行，整個世界又重新開始轉動[36]。這類敘事中最具代表性、最著名的版本就是《睡美人》的故事了。

睡美人的故事可能脫胎自北歐神話中的《沃爾松格傳》（*Volsunga Saga*），裡頭的布倫希爾德（Brynhild）或許是睡美人在神話中的原形。她被塑造成一位強壯而任性的女武神（Valkyrie）。布倫希爾德在刺傷手指後陷入長眠的詛咒，她的父親將她置於火圈之中。一位屠龍英雄齊格菲（Sigurd）把沾滿龍血的雙手放到自己的口中，喚醒

---

36 參見 Bruno Bettelheim, *The Uses of Enchantment: The Meaning and Importance of Fairy Tales* (New York: Vintage 1989)。

了布倫希爾德，他為她戴上了戒指。但後來齊格菲拋棄了
她，娶了其他人。身為一位剛毅如鐵的女性，布倫希爾德
決定報復背信的齊格菲，便將他殺害。但在他的葬禮上，
布倫希爾德才發覺齊格菲的死並沒有削減自己對他的愛，
於是投入燃燒他的遺體的柴堆中，希望能在死後與他重
聚。

在中亞蘇美人的版本的莉莉絲（Lilith）傳說中，吻
扮演了不同但卻類似的角色──它導致了死亡。在蘇美
人的眼中，莉莉絲不只是生育和動物的女神，也是位女巫
般的人物。故事從莉莉絲唾棄一位執拗的王子的求愛開始
──那位王子企圖殺害莉莉絲身邊所有的動物，好讓她全
心全意地獻身於他一人。但他的行為反而讓莉莉絲為死去
的動物哭泣，並和倖存下來的動物結為好友。為了激怒那
位王子，她和一條蛇性交，產下了有六隻手臂和一條蛇尾
巴的孩子。這個「小孩」隨後日日夜夜與王子戰鬥，雙方
都未能從這場惡鬥中獲勝。於是莉莉絲不斷與蛇性交，生
下了 216 個混種的後代。王子倉皇逃離，誓言報復。

害怕的莉莉絲把自己變成一隻鳥，讓人們和動物坐
在背上，離開了原本的土地。她們來到一處乾地，人們
蓋起了莉莉絲的雕像來表示對她的崇敬。他們築起豐饒的
果園，用石頭造了許許多多的塔和建築，變得越來越富

有。他們富足的事很快傳開，那位王子也聽到了，派出他
的使者去一探究竟，看看統治那片土地的神祕女性是誰。
王子接著派遣軍隊，意圖征服那裡的人民，莉莉絲半人半
蛇的孩子們和他們交戰，摧毀了整支軍隊。王子發現統治
者是莉莉絲後，偽裝成女人前去她的寺廟。莉莉絲看穿了
王子的偽裝，召來三十六個壯士來保護她，同時命令宰殺
三十六頭野獸，意圖舉行一場盛宴好讓王子落入她的圈
套。各地的人民都來了，王子也再次偽裝成女人，如她預
期的大駕光臨。莉莉絲以貴賓之禮歡迎他，並令他嫁給她
喚來的三十六位壯士的其中之一，否則就得處死。王子這
才知道自己被設計了，他怒不可遏，扯下他的偽裝大吼：
「妳為何要逼我跟這男人結婚？」她回答：「因為你永遠
不可能跟我結婚。」王子於是歇斯底里地表明愛意，宣稱
如果她不答應自己的要求，就要割喉自殺。對這場遊戲早
已厭倦不堪的莉莉絲對王子感到有些惋惜，開口說道：「我
答應給你一個吻。」走投無路的王子接受了這個吻，他狂
喜到無法自拔，當場死去。

　　這個吻的意義，和兩人接吻的方式在故事中沒有言
明。即便沒有上述的細節，這個吻顯然和黑寡婦蜘蛛的吻
一樣，是致命的，而非真愛之吻。

　　有許多間接的軼事證據，能證明宮廷愛情傳統讓女性

從以宗教為依歸的求愛規範中解放。西元 1228 年，蘇格蘭的女性首先取得求婚權，歐洲其他地區的女性也逐漸取得這項合法權力。到了 1800 年代後期，自由戀愛取代了由他人撮合的求愛方式，成為多數社會階級中結婚的首要條件[37]。若一位男士對某個年輕女性感興趣，他可以直接上前攀談，即便人們仍認為要經過一段時間後，兩人再出雙入對比較恰當。吻改變了社會秩序，讓人們在新的秩序中崇敬愛情。浪漫的吻也帶來了現代西方世界的性革命。這場革命的影響無所不在，讓電視節目和各類電影都能公開談論女性性慾而不必刻意掩藏。另一方面，吻也改變了女性的愛情，讓它不再是件可恥的事，也讓它改變了這個世界。與吻相關或由吻衍生而來的儀式是浪漫愛情和性慾的結合，它們同時展現了精神（神聖）和性慾（世俗）兩種層面。佛洛伊德把愛情中的肉慾行為和人類的生之本能（本我）（Id）連結，並以希臘愛慾之神 Eros 為名；榮格（Carl Jung）則認為愛慾和一種他稱為 anima、帶陰柔特質的原型有關，和陽剛理性的原型 Logos 相對[38]。榮格將愛慾視為陰柔原型的概念詳述如下：

37　參見Urlin, *A Short History of Marriage*。

38　Sigmund Freud, *Civilization and Its Discontents* (New York: W. W. Norton, 1961).

　　女性的心理奠基於 Eros（愛神）的原型，它是至高
無上的束縛者或鬆綁者，而從古到今統御男人的原型則是
Logos（理神）。Eros 的概念用現代的詞彙來講就是「心
理關係性」，Logos 則是「客觀利益」。[39]

　　Agape 指的是「神愛」。吻源自宮廷愛情傳統，並受
到前述「新騎士守則」的鞏固，讓愛慾和神愛得以結合。
浪漫的吻植基於一種「結合的需要」，包括男性與女性、
精神與肉體間的結合。浪漫的吻也解開了 Logos 在中古世
界中製造的束縛，它讓愛情成為一種隱私，是小倆口之間
的事，無須在社會上被承認。弗里霍夫（Willem Frijhoff）
曾提到：「就算在公共場合進行，親吻和擁抱仍是個人的
行為，因此與公共領域毫不相干。」[40]吻也讓性更為親密、
更具意義，賦予了它精神意義。

　　在今天，吻已經成為一種「符碼」（object-sign），

39　Carl Jung, *Aspects of the Feminine* (Princeton: Princeton University Press, 1992), p. 65.

40　Willem Frijhoff, "The Kiss Sacred and Profane: Reflections on a Cross-Cultural Confrontation," in *A Cultural History of Gesture,* ed. Jan Bremmer and Herman Roodenberg (Ithaca: Cornell University Press, 1992), p. 230.

如同迷信般被人們崇敬著。這可說是「接吻世界紀錄」存在的原因。例如在 2001 年 12 月 5 日的紐約市，露易莎·阿莫多瓦（Louisa Almedovar）和瑞奇·蘭理（Rich Langley）連續接吻了 30 小時 59 分 27 秒，是有紀錄以來時間最長的吻之一。幾年後在 2007 年 9 月 1 日的波士尼亞（Boshia），有 6,980 對情侶同時接吻 10 秒鐘，創下了另一道紀錄，但這道鋒芒很快便黯然失色。2009 年的情人節當天，有 39,987 人在新墨西哥州集合，隨著 Besame Mucho（〈深深吻我〉）的旋律接吻 10 秒鐘，這首經典情歌不斷訴說著吻的力量。截至今天，時間最長的吻發生在 2010 年 9 月，美國學生馬特·戴利（Matt Daley）和鮑比·坎希羅（Bobby Canciello）連續接吻了 33 小時，希望藉此提升大眾對同性戀權利的意識。值得一提的是，臉書上有個專門記錄法式接吻紀錄的網頁。每隔幾個月，法國的幸福學院（Institut Bonheur）就會在世界各地的城市舉辦法式接吻競賽，並把結果記錄在臉書專頁上。此外在數十年前，英國開始把每年的 7 月 6 日訂為「國家接吻日」。今天這個節日已被聯合國採納，並升格為「國際接吻日」。

連結吻和自由戀愛的討論過程使一個更為根本的問題浮上檯面：「愛情是什麼？」我們透過神話給了它各種各樣的化身——厄洛斯（Eros）、愛加泊（Agape）、賽姬

（Psyche）、邱比特（Cupid）等等，但它似乎拒斥了所有
合乎邏輯的定義。因此愛情首先出現在詩歌中，而非藉由
其他文體表達出來。艾彌爾·涂爾幹（Émile Durkheim）
提出了一個結論：如情緒這般的事物只能透過頭腦中的神
話人物來理解，它們是人類「集體意識」的表達，讓我們
結合在一起：

　　集體意識是精神生活最高層次的形式，因為它是意識
中的意識。它不屬於且超越任何個人及地區的偶然事件，
因此能看見事物的本質和永恆不變的一面，並使其具體
化，成為能夠傳達的概念……集體意識本身就能為頭腦裝
配一些模型，這些模型能夠套用在一切事物上，讓人類能
夠想到它們。[41]

　　愛情就是集體意識的一部分，而接吻很可能是我們在
現實生活中體驗集體意識的方式。喬治·巴代伊（George
Bataille）在 1957 年時也接受此種可能性，並認為性慾
和愛情之間存在著斷層[42]。吻填補了這道斷層。尼拉普

41　Émile Durkheim, *The Elementary Forms of Religious Life* (New York:
　　Collier, 1912), p. 12.
42　Georges Bataille, *L'erotisme* (Paris: Gallimard, 1957).

（Nyrop）和哈維（Harvey）在 1901 年撰寫的《接吻的歷史》（*The Kiss and Its History*），首度發現吻可能是表達深層情緒的一種方式 [43]。

　　很明顯地，吻能告訴我們的遠遠超越顯而易見的表象。它最初是種顛覆行為，受到宗教權威的譴責，柯申鮑姆解釋了其中的原因：「害怕接吻會導致其他肉體上的罪行是很合理的。」[44] 但沒人能阻止它四處蔓延。1499 年，荷蘭的人文主義哲學家伊拉斯謨（Desiderisu Erasmus）在他到英國各地旅遊的回程路上寫道：吻是一種無法遏止的「時尚」。這位大哲學家明顯在途中體會了吻的甜美，提筆寫下：「你一旦嘗過那些吻有多香多甜，就一定會想當個旅者，不是像梭倫（Solon）一樣只去十年，而是一輩子。」[45]

---

43 Christopher Nyrop and William Frederick Harvey, *The Kiss and Its History* (London: Sands and Company, 1901).

44 Kirshenbaum, *The Science of Kissing*, p. 49.

45 引自上述條目，頁52。

第三章
真實和虛構故事中的吻

我們一看見羅密歐和茱麗葉，就成了戀人。

── 王爾德（Dscar Wilde，1854-1900）

自從吻在中古時期的騎士文學中出現，成為浪漫愛情最淋漓盡致的表達方式，它的足跡就遍布從言情小說到冒險故事的各種文類，其中的男女主角對談情說愛和冒險犯難似乎一樣熱中。如上一章所述，有些史學家認為在情人節贈送寫有詩句的卡片，起源於聖瓦倫泰在獄中給情人的信。有些人認為它和十五世紀的奧爾良公爵、查爾斯的遭遇有關。1415 年，查爾斯在阿金庫爾戰役中被英軍俘虜並送到英格蘭囚禁，在情人節當天，他從牢房寄了一首詩給妻子，表達對她的深愛。另一種說法則追溯到喬叟的時代。不管是哪一種，都說明了愛情不僅能透過雙唇，也能透過文字來表達 [1]。

騎士守則開始流傳的不久後，寫詩送給心上人就成為

一種含蓄的示愛模式。一部 1994 年由麥可・瑞福（Michael Radford）執導的電影《郵差》（*Il Postino*）便是以此為主題。一位頭腦簡單的義大利郵差，送信給因政治因素流亡的著名智利詩人聶魯達（Pablo Neruda），並在這個過程中愛上了詩。即便沒受過什麼教育，這位郵差和聶魯達結為好友。他愛著當地的一位美人，卻不知道怎麼表達自己的愛意，於是尋求聶魯達的協助和開導。那位大詩人教導他，寫詩的本能是與生俱來的，並要他讓本能藉由戀愛的情感來為他決定合適的用字。郵差的心上人名叫貝緹麗彩（Beatrice），與但丁的摯愛同名。寄寓其中的典故顯而易見，因為提倡寫作情詩並將其作為「新甜美風格」（dolce stil nuovo）的一部分的，就是但丁。

認為吻能改變生命的觀點始於中古時期的文學傳統，這個主題從此便貫串在愛情文學之中。卡明斯（E. E. Cummings）是現代美國文壇中別具創意的一位詩人，以打破斷句和構句的規則聞名，他如此闡述吻的力量：「吻就是和女性『深邃而脆弱的雙唇』相接，打開通往靈魂的路徑。」[2] 在騎士文學的理想中，不論男女主角或他們所

1　關於情人卡的歷史紀錄，參見 Ernest Dudley Chase, *The Romance of Greeting Cards* (Boston: Rust Craft, 1956)。

2　E. E. Cummings, *Complete Poems,* 1904-1962 (New York: Liveright,

在的世界遭遇到什麼事，吻總能讓他們結合。這已然成為大眾想像中一個潛在的主題。今天的愛情故事沒有一個不是由吻來主導的，若真有這種故事，我們也會覺得它很奇怪、諷刺，或不合常理。

苦命鴛鴦

夜裡在月光下歡愛的苦命戀人，已經成為中古宮廷愛情故事和詩歌裡的一個固定概念（idée fixe）。在這之前，這樣的概念並不存在於文學或藝術中。「苦命戀人」（star-crossed lovers）的說法其實是因為莎士比亞的《羅密歐與茱麗葉》而廣為流傳，莎翁用這個詞來形容史上最著名、命運最多舛的戀人（第一幕，第一場，第 58-59 行）：

是命運注定這兩家仇敵，

生下了一雙不幸的戀人。

今天苦命鴛鴦的形象在流行文化中隨處可見，就連角色扮演類的電玩遊戲也將其納為劇情主線，比方說《最終

1991), pp. 13-14.

幻想 VII》（*Final Fantasy VII*）裡的克勞德（Cloud Strife）
和艾瑞絲（Aerith Gainsborough）以及《洛克人 X4》（*Mega
Man X4*）裡的傑洛（Zero）和愛麗絲（Iris）。一部線上
播出的連續劇《星戀》（*Star-Crossed*）也是以同樣的典故
命名，但它以一種全新的方式詮釋這個主題。劇中的占星
家要遭遇問題的情侶在月亮盈虧一次的期間彼此分開，並
將兩人和「占星上較為適合」的對象重新配對，看看他們
是否會服從新的伴侶，抑或再次尋回舊愛。

苦命戀人的主題可能出自吟遊詩人。他們對愛情的讚
頌和深切的渴慕，與傳統基督教中隨時需受控制、平淡如
水的愛情背道而馳。吟遊詩人影響了許多作家，包括但丁
和佩脫拉克（Petrarch），在星空下或樹下接吻的意象在
他們的詩中相當常見。以下就是個完美的例子，取自吟遊
詩人紀堯姆九世（Guillaume IX）所作的一首情歌：

> 若我無法馬上得到那位真命天女的愛，
> 我就會在聖・格列戈里的頭旁死去！
> 除非她在她的房裡或一棵樹下吻我。[3]

3　Guillaume IX, "Farai chansoneta nueva," in *Les Chansons de Guillaume
IX*, ed. A. Jeanroy (Paris: Champion, 1927), p. 20.

　　紀堯姆強調摯愛賜與的一吻擁有救贖的力量，代表他的至樂和欲望的滿足。這一吻必須在暗中進行，例如在「她的房裡」或「樹下」。另一位吟遊詩人柏納·馬第（Bernart Marti）寫道：「吻的力量能昇華一位戀人，和柏拉圖式的愛情相似——人世間的愛情終能與神愛連結。」[4]朱塞佩·威爾第華麗的歌劇作品《遊唱詩人》（1853），可能為吟遊詩人的浪漫性格提供了最廣為人知的詮釋。它幽暗的故事情節和抑鬱的音符，讓人想起歷史上吟遊詩人們經歷的多舛戀情。

　　不受命運之神眷顧的吟遊詩人平息不了心中的熱情，也只能寫下來了。「得不到的愛」（unrequited love）是許多中古時期宮廷愛情作品的主題。同時期的義大利詩人但丁也遵循了這樣的文學傳統，他在一部作品中告訴我們，自己年少生活中最意義深重的事，是與一位他死心塌地愛著的女孩——貝緹麗彩的相遇。她是但丁的靈感泉源，使他提筆賦詩，寫下對她無怨無悔的愛。但丁第一部重要的文學作品《新生》（La vita nuova）便是寫於他一生的摯愛貝緹麗彩離世後不久，他對她的愛再也得不到回應[5]。

4　Bernart Marti, "Amar dei," *Les poesies de Bernart Marti,* ed. E. Hoepffner (Paris: Champion, 1929), p. 3.

5　Dante Alighieri, *Vita Nuova,* trans. Andrew Frisardi (Evanston:

《新生》結合詩歌和散文，敘述了他的情感歷程，以及堅定的決心，他要寫一本足以紀念她的書，這本書便是他的巨作《神曲》（*The Divine Comedy*）[6]。

　　想像兩個孤寂的戀人在星空下擁抱，訴說對彼此無盡的愛，卻因難以控制的力量而無法相愛，這樣的意象何等強烈。這個故事並非以「從此過著幸福快樂的日子」作結，而是在想像中永無止盡地進行下去。星星是宿命和命運的象徵，用 star-crossed 來形容「命運坎坷」相當貼切，因為這個詞暗示星辰介入了那對男女的祕密戀情，而他們的行為將會帶來可怕的後果。這裡的言外之意，也就是吻能用難以解釋或甚至悲劇性的方式影響這個世界。一個戀人或「準戀人」的吻太過誘人，令人無法抗拒，導致的後果卻是災難性的，一部 1946 年由泰・賈奈特（Tay Garnett）執導的電影《郵差總按兩次鈴》（*The Postman Always Rings Twice*）便強調了這一點。一對（苦命）情侶開著車，在高速公路上疾駛，法蘭克（Frank）（約翰・嘉菲爾〔John Garfield〕飾）在柯拉（Cora）（拉娜・透納〔Lana Turner〕飾）擦上唇膏時，向她懇求一個早已等待多時的

Northwestern University Press, 2012).

6　Dante Alighieri, *La Divina Commedia,* trans. Charles S. Singleton and C. H. Grandgent (Cambridge: Harvard University Press, 1933).

吻。她承諾道：「法蘭克，等我們到家，就會有許許多多的吻，許許多多裡頭有夢想的吻。許許多多來自生命，而非死亡的吻。」法蘭克答道：「我不想再等了。」迫不及待的兩人於是開始接吻，就在這時，柯拉突然發瘋似地大喊：「法蘭克，小心！」因接吻而分心的法蘭克駛離了道路，柯拉因此在這場意外中喪生。

　　深受命運牽絆的愛情故事也出現在中古時期以前，但這些故事通常和名人間危險的交涉或非正當的幽會有關，而不只是情侶在星空下接吻這麼簡單。耶洗別（Jezebel）的故事便是一例，她是提爾的公主，也是提爾（Tyre）和西頓（Sidon）國王謁巴力（Ethbaal）的女兒（這兩座城市位於現今的黎巴嫩）。她嫁給了以色列國王亞哈（Ahab），把對偶像和豐饒之神巴力（Baal）的崇拜帶到以色列，引發了爭議和當時宗教領袖的強烈敵意。耶洗別並不像同時代的女性柔順溫和；她與眾不同，是個頑強、在政治上十分狡點又大膽的女性，敢於反叛當代社會對女性的支配。不同時代的作家，從莎士比亞、雪萊到喬伊斯，都仰慕耶洗別。她也成為當代流行文化中不斷出現的主題，比如說法蘭奇・連（Frankie Laine）的著名單曲 *Jezebel* 和 1938 年由貝蒂・戴維斯（Betty Davis）主演的電影 *Jezebel*[7]。耶洗別是一位蛇蠍美人，擁有令人難以抗拒的性吸引力，卻也

能致人於死地。「蛇蠍美人」的主題滲透了流行文化，出現在電影、暢銷小說、電視節目、漫畫以及電玩遊戲中。《霹靂煞》（*La Femme Nikita*，1990）、《紅磨坊》（*Moulin Rouge*，2001）、《雙面驚悚》（*Femme Fatale*，2002）僅是當代電影中以此為主題的三個例子。《最終幻想》電玩系列中也存在著幾位蛇蠍美人。

「蛇蠍美人」的男性版本就是拈花惹草的「情聖」了。一個獨具傳奇色彩的例子是唐璜，他是位惡棍英雄，也是個執迷不悟的浪蕩子。最初版本的西班牙故事將他描述成一個淫亂的貴族，終究犯下了一個致命的錯誤──誘拐塞維亞（Seville）軍官的女兒。這樣的傳說來自中古時期的歐洲並不令人意外，故事的形式建立於西班牙劇作家帝索‧莫里納（Tirso de Molina）所寫的《塞維亞的騙子》（*The Trickster of Seville*，1630）。俊俏的貴族唐璜輕而易舉地色誘了許多女性，但當他想誘拐騎士指揮官崗薩羅（Don Gonzalo）的女兒時，她的父親要求與他決鬥。崗薩羅後來在決鬥中被唐璜所殺，唐璜來到他的墓前輕蔑地邀請他的雕像共進晚餐。雕像參與了晚宴，也邀請唐璜

7　Lesley Hazleton 的 *Jezebel: The Untold Story of the Bible's Harlot Queen* (New York: Doubleday, 2009) 對耶洗別在大眾想像中的角色有詳盡的紀錄。

到他那兒作客，唐璜欣然接受。在墓園裡，雕像抓住了唐
璜的手，把他拖入地獄，藉以懲罰他對上帝和社會所犯的
罪。這個故事被歐洲各地的劇作家編寫成戲劇，也被當地
許多作曲家譜成了歌曲，其中包括莫札特的巨作《唐・喬
凡尼》（*Don Giovanni*，1787）。不論在哪個版本的唐璜
故事中，女性總是為這個惡霸神魂顛倒，或許是因為他能
為情事帶來一種危險而吸引人的刺激感；愛上一個亡命之
徒、壞蛋或惡霸，比愛上一個古板而缺少浪漫的人有趣多
了。1980 年代的搖滾團體「威猛樂隊」（Wham!）用「愛
情機器」來形容情聖。歷史上最廣為人知的「真人版」情
聖是威尼斯人賈科莫・卡薩諾瓦。被他注意到的女性中，
沒有人能抗拒他的吸引力，至少傳說上是這麼寫的。他在
《我的一生》（*Histoire de ma vie*）中敘述了自己的輝煌情
史，說他有過約莫兩百個情人，並為此承受坐牢或被殺的
風險[8]。

　　一般的苦命鴛鴦故事與上面這些故事有所不同，因
為在前者之中，兩位主角瘋狂地愛著彼此，而不只是在性
方面相互吸引。為了待在一起，他們已經準備好要面對任

8　Giacomo Casanova, *The Story of My Life* (Harmondsworth: Penguin, 2001).

何的挑戰或困境，甚至犧牲性命也在所不惜。由瑞典導演波·維德伯格（Bo Widerberg）執導的當代電影《鴛鴦戀》（*Elvira Madigan*，1967）正是以此作為主題。《鴛鴦戀》敘說一位瑞典貴族軍官的故事，他為了與一位美麗的馬戲團表演者私奔，放棄了一切，包括他的家庭、事業和社會地位。他們決定以流浪者的身分一起生活，共享愛情的至樂，直到生活中的疏離和困境讓這椿情事以悲劇收場。整部電影中，男女主角多次熱吻，每次都充滿悲劇的味道，莫札特悠揚的第 21 號 C 大調鋼琴協奏曲（第二樂章）在他們擁抱時響起，以那迴盪不去的旋律強調著潛藏在表面下的悲劇。

傳說中的戀人

「得不到回應的愛」或「不可能的愛」其實有著古老的淵源，以神話或傳說的形式呈現。這些神話或傳說常在當代的流行文化中被重新改寫，或許是因為它們訴說的是一種不受社會常規或限制束縛的愛，扣人心弦。

最早出現在神話史上的其中一對戀人是奧菲斯（Orpheus）和尤里蒂絲（Eurydice）。奧菲斯是一位俊美的音樂家，不論是外表還是音樂天分，都沒有任何一位凡

人能跟他匹敵。他要去冥府帶回死去的妻子，也是他一生的摯愛——尤里蒂絲。沒有一個凡人去過冥府。那兒的統治者黑帝斯（Hades）因為被奧菲斯的音樂感動，同意讓他把尤里蒂絲帶回人世間，但條件是奧菲斯在踏出冥府前不能回頭看他的妻子。然而奧菲斯在踏出冥府的前一刻，忍不住回望了一下，尤里蒂絲就這樣消失了。奧菲斯傷心欲絕，獨自在荒野流浪，被一群色雷斯（Thracian）女人所殺。他的頭被丟進了河水中，還繼續為他深愛的尤里蒂絲唱著歌。在他死後，手上那把長伴他的七弦琴變成了星空中的天琴座。

　　奧菲斯和尤里蒂絲的故事在流行文化中不斷被重新採用，在各類媒體中都能見其蹤影，包括另類搖滾樂團「尼克凱夫與壞種子」（Nick Cave & the Bad Seeds）的專輯 *Abattoir Blues/Lyre of Orphaeus*（2004）、民歌手安奈斯·米切爾（Anaïs Mitchell）的專輯 *Hadestown*（2010）、馬賽爾·卡謬（Marcel Camus）1959 年的電影《黑色奧菲斯》（*Black Orpheus*），以及尼爾·蓋曼（Neil Gaiman）的漫畫系列《睡魔》（*Sandman*）。大部分的改編故事皆以現代為背景，例如《黑色奧菲斯》的劇情在舉辦著嘉年華會的里約熱內盧展開。而在所有的改寫作品中，擁有陰暗特質的愛情主題因為人性的愚蠢橫行，而永遠得不到滿足。神話故

事中的角色是種潛藏在腦海中的思考模式，可能深具涂爾幹「集體意識」的特徵（前一章曾提及）。也許是因為這樣，不管這些故事建立在哪些神話主題上，來自不同社會的人都能夠理解和欣賞。從另一個類似的角度來看，這些故事反映了榮格「原型」的概念，「原型」是「集體潛意識」（而非集體意識）的一部分[9]。榮格認為潛意識是全人類在心智上共有的一層，裡頭包含他稱為「原型」的共同思想型態；它們讓人類能用與祖先類似的方式對各種情況做出反應。因此，榮格相信集體潛意識中存在指引著全人類的智慧。「原型」在敘事、象徵和儀式中表現出來。如小丑、暗影和英雄等原型角色，因此在不同時空下迥異的敘事、藝術形式、象徵、儀式、習俗、隱喻和言談中不斷出現，被人們理解的方式卻如出一轍。搞笑藝人、德古拉和超人分別是這三種原型在現代的表現形式，也各自象徵不同的心理需求——對笑的需求、削弱恐懼的需求，還有確保人類事件中存在英勇行為的需求。我們對這些原型很有感覺，因為它們描繪著需要、罪惡、美德和重要的力量。以榮格的觀點來看，「悲劇戀人」的主題也是原型的

---

9   Carl G. Jung, *Memories, Dreams, Reflections* (New York: Random House, 1963).

一種。

　　其他「悲劇戀人」的原型還有海洛（Hero）和利安德（Leander），以及阿芙蘿黛蒂和阿多尼斯（Adonis）。海洛是阿芙蘿黛蒂神廟裡美麗的女祭司，住在赫勒斯滂（Hellespont）岸邊塞斯托斯（Sestos）的一座塔上（赫勒斯滂位於色雷斯，是巴爾幹半島區一片廣大海域的舊稱）。利安德是位英俊的年輕男子，來自海峽另一端的阿拜多斯（Abydos），他對海洛一見鍾情，每天晚上都泳渡赫勒斯滂與她相會。她會站在塔的頂端，點亮一盞燈來指引他的方向，兩人就這樣一起度過了炎熱的夏天。但就像其他同類型的故事一樣，好景不常。在一個狂風暴雨的冬夜，利安德被巨浪捲入海中，海洛的燈火也被狂風吹熄。利安德迷失了方向，最後溺斃在海中。海洛哀痛欲絕，從塔上一躍而下，命喪黃泉。自彼時起，泳渡河流去實現愛情或生命中的想望，成為了一種反覆出現的意象，並以不同的方式被改寫。1959 年的流行歌曲〈跑熊〉（Running Bear）是個有趣的例子。跑熊是個「勇敢的年輕人」，小白鴿是個「少女」，他們住在互相憎恨的兩個部落裡而無法相見，其間一條湍急的河流暗喻著他們的分離。這對戀人決定投入河中，以死亡的方式結合。歌曲的結尾是：「他們終能永遠相伴／在他們幸福的獵場中。」

　　愛與美的女神阿芙蘿黛蒂是鐵匠之神赫菲斯托斯
（Hephaestus）的妻子。她身邊有許多情人，但讓她傾心
的只有俊美的牧羊人阿多尼斯。而宙斯（Zeus）的女兒普
西芬妮（Persephone）也愛著阿多尼斯，她曾綁走他並帶
到冥府藏著。阿多尼斯為意外所殺時，阿芙蘿黛蒂懇求宙
斯將他復活，讓他回到她身邊。但宙斯決定冬天時阿多尼
斯必須與普西芬妮待在冥府，夏天才能回到阿芙蘿黛蒂身
邊；這反而讓這對戀人愛得更瘋狂。某種層次上，這個神
話巧妙地解釋了季節更迭的原因，但它在潛意識層次上的
影響更加巨大。愛、背叛和性都是能讓我們產生共鳴的事
物。也許是因為這樣，這個神話中的戀人才會不斷地在散
文和詩歌裡被再度提及、重新塑造。有趣的是，心理學上
也用他們來指稱各種情結。例如心理學家用「阿多尼斯情
結」（*Adonis complex*）來指過度雕塑自己身體形象的強迫
行為，用「阿芙蘿黛蒂情結」（*Aphrodite complex*）來指散
發一種源自強烈性吸引力的女性魅力 [10]。

　　如我們所見，這類的愛情故事通常和背叛、欺騙、不
忠以及雙方得不到回應的愛有關（即使他們已有出軌的行

---

10 參見Lucy Huskinson (ed.), *Dreaming the Myth Onwards: New Directions of Jungian Therapy and Thought* (London: Routledge, 2008)。

為）。最著名的例子是《聖經》裡參孫（Samson）和黛利拉（Delilah）的故事（士師記 16:4-20）[11]。黛利拉是迦南南部海岸的非利士（Philistine）人，是參孫的情婦。參孫是以色列的民族英雄，以他無窮的力量聞名，受到眾人的景仰。非利士人賄賂黛利拉，要她找出參孫力大無窮的的祕密，好讓他們把他擄為人質。 在一段媚惑的舞蹈後，參孫向黛利拉透露自己的力量藏在茂密的長髮中，因著一個誓言，他未曾將它們剪去。黛利拉於是趁參孫睡覺時剪掉了他的頭髮。參孫醒來發現自己變得非常虛弱，卻也莫可奈何。非利士人不費吹灰之力就擄走了他，弄瞎他的雙眼並令他做奴工。已經深深愛上參孫的黛利拉後悔莫及，努力想辦法幫他逃脫，結果當然徒勞無功。這個愛與背叛的故事為丁托列托（Tintoretto）和安東尼・范戴克（Antony van Dyck）等藝術家提供了靈感，並在流行文化中不斷地重述，紅極一時的經典電影《霸王妖姬》（*Samson and Delilah*，1949）便是一例，該片由塞希爾・德米爾（Cecil B. DeMille）執導。參孫和黛利拉的故事也出現在電視情境喜劇和其他節目中，比方說《奇幻嘉年華》（*Carnivàle*）

---

11 若要從現代主義者的角度討論參孫和黛利拉的故事，參見Ginger Garrett, *Desired: The Untold Story of Samson and Delilah* (Colorado Springs: David C. Cook, 2011)。

和《辛普森家庭》（*The Simpsons*）。 古典作曲家從這個故事得到啟發，聖桑（Camille Saint-Saëns）寫下了歌劇《參孫與黛利拉》（*Samson and Delilah*，1877）。許多流行歌曲也以此為主題，包括蓋希文（Gershwin）音樂劇《瘋狂女郎》（*Girl Crazy*）中的「參孫和黛利拉」（*Samson and Delilah*，1930）以及湯姆‧瓊斯（Tom Jones）的「黛利拉」（*Delilah*，1968）。

　　若要列出一份「知名古代情侶」的名單，一定不能少了克麗奧佩脫拉和羅馬政治家馬克‧安東尼多舛的愛情故事；這個故事一部分是史實，一部分是傳說。克麗奧佩脫拉其實跟凱撒和安東尼都有過一段情緣。當凱撒以羅馬將軍的身分抵達亞歷山卓（Alexandria）時，隨即被她的美色勾引而神魂顛倒。凱撒恢復了她的王位，而她便成了他的情婦，隨後與他一同回到羅馬。西元前 44 年凱撒遭到暗殺後，克麗奧佩脫拉回到故土埃及。馬克‧安東尼在這時愛上了她，搬到埃及希望與她共度餘生。但安東尼最後還是回到羅馬，與凱撒的後代屋大維（Octavian）的姊姊屋大薇婭（Octavia）結婚。而在征服帕提亞人（Parthians）後，安東尼於西元前 36 年再度與克麗奧佩脫拉重聚，與她在埃及待了數年。屋大維隨後對他們宣戰，在西元前 31 年的亞克興角戰役後，這對戀人逃到亞歷山卓雙雙自殺。

　　克麗奧佩脫拉是典型蛇蠍美人的化身。莎士比亞在《安東尼與克麗奧佩脫拉》（*Antony and Cleopatra*）的第二幕，第二場，第 12 頁中這樣描寫她：

> 歲月無法使她凋零，習俗也無法削減
> 她的千嬌百媚。其他女人讓
> 她們滿足的對象厭倦，但她卻讓他們
> 貪得無饜。

　　也許第一個吻其實是由克麗奧佩脫拉發明的，歷史紀錄中寫到，她用胭脂紅（一種鮮紅染料）和淡紅褐色的散沫花來潤色她的嘴唇，意味她可能曾用雙唇來誘惑凱撒和安東尼。她的故事無疑擁有關於性、愛與背叛的故事中該有的精采成分，讓我們讀得津津有味。其他的呈現方式包括漫畫（勒內．戈西尼〔René Goscinny〕和阿爾伯特．烏德佐〔Albert Uderzo〕的《高盧英雄傳》〔*Asterix and Cleopatra*〕）、音樂劇和芭蕾舞（馬沙．格拉漢〔Martha Graham〕的 *One More Gaudy Night*，1961；班．史蒂文森〔Ben Stevenson〕的 *Cleopatra*，2000）、電影（《尼羅河妖姬》〔*Serpent of the Nile*〕，1953，由威廉．卡索〔William Castle〕執導；《埃及豔后》〔*Cleopatra*〕，1963，由約瑟

夫‧曼凱維奇〔Joseph L. Mankiewicz〕執導）、流行歌曲
（丹尼‧施密特〔Danny Schmidt〕的 *Cleopatra*，2005）、
遊戲（Kheops Studio 研發的 *Cleopatra: A Queen's Destiny*，
2007）、電視劇（*The Cleopatras*，BBC，1983）和廣告
（Poise 內衣褲 2010 年的電視廣告，由琥碧‧戈柏〔Whoopi
Goldberg〕扮演克麗奧佩脫拉；Subway 2010 年的廣告由艾
娃‧達克魯茲〔Ewa Da Cruz〕扮演克麗奧佩脫拉）。

　　古代的愛情故事可能是宮廷愛情傳統的根源。事實
上，整個中古時期似乎就是個「戀人們永遠無法好好相
愛」的時期，因為這種做法與時勢相悖。有數個以此為劇
情的故事首先出現中古時期的版本，脫愛勒斯（Troilus）
和克萊西達（Cressida）的故事便是其一。它的新版本出
現在十二世紀，被莎士比亞改編成他的名劇後變得家喻戶
曉。這個中古時期的故事回顧特洛伊戰爭的最後幾年，特
洛伊國王普萊姆（Priam）的兒子脫愛勒斯，和一位特洛
伊預言者的女兒克萊西達，誓言對彼此永遠忠貞不二。但
克萊西達在特洛伊戰爭中被俘虜，終究還是背叛了脫愛勒
斯。她把自己的身體和靈魂給了一位強壯而英俊的戰士狄
俄墨德斯（Diomedes）。脫愛勒斯策畫著他的復仇，卻遭
到殺害。克萊西達愛的到底是脫愛勒斯還是狄俄墨德斯？
還是兩個都愛？永遠沒有肯定的答案。

　　另一個中古時期的愛情故事——桂妮薇爾和蘭斯洛特的故事也充滿著愛恨情仇，最後招致駭人的後果。桂妮薇爾是傳說中的英格蘭國王亞瑟之妻。她首先出現在《不列顛諸王史》（ *The History of the Kings of England* ）的「亞瑟王傳奇」中，該書由英格蘭編年史家蒙茅斯的喬佛瑞（Geoffrey of Monmouth）在 1136 年左右寫成[12]，但讓這個故事變得家喻戶曉的，是法國詩人克雷蒂安‧德‧特魯瓦（Chrétien de Troyes）[13]。桂妮薇爾在嫁給亞瑟後，迷上了亞瑟王王國卡美洛（Camelot）一位帥氣的宮廷騎士蘭斯洛特。這段婚外情最後導致了卡美洛的分裂和亞瑟的覆亡。「苦命戀人」是中古時期相當流行的主題，桂妮薇爾和蘭斯洛特是否就是個典型？他們的吻是種牽動悲劇事件的「致命行為」。德‧特魯瓦如此寫道：「皇后眼看騎士不敢再做什麼，便扶著他的頰，在加拉哈德面前吻了他好一陣子。」[14]

　　另一對苦命戀人——崔斯坦（Tristan）和伊索德

12　Geoffery of Monmouth, *The History of the Kings of England,* trans. Lewis Thorpe (London: Penguin, 1966).

13　Chrétien de Troyes, *Arthurian Romances* (Rockville, MD: Wildside Press, 2008).

14　同上，頁34。

（Isolde）的故事也出自亞瑟王傳奇，以各種不同的版本和形式一次又一次地被重述。故事中的騎士崔斯坦愛上了愛爾蘭公主伊索德，但她已和另一個男人——馬克王（King Mark of Cornwall）訂婚。兩人隨後展開了一段戀情，使馬克王意圖報復。他們於是逃到森林中，從此過著幸福快樂的日子。讓這對男女結合在一起的，是愛情還是色慾？說故事的人不同，答案可能也會不一樣。這個故事可能比桂妮薇爾和蘭斯洛特的故事來得早出現，因此很可能對它造成影響。這個故事打從一出現，就深刻地影響西方的文學和藝術。人們透過音樂來詮釋它，華格納（Richard Wagner）1859 年的同名戲劇便是個例子。這對戀人也出現在電影中，例如 2006 年由凱文・雷諾斯（Kevin Reynolds）執導的《王者之心》（*Tristan & Isolde*）。崔斯坦在電影中是個英雄，最後為國殉身，獨留伊索德陪在他的身邊。

安德莉亞・霍普金斯（Andrea Hopkins）指出，上述這些故事和吟遊詩人的宮廷愛情傳統有共通之處。兩者都暗示真愛幾乎不可能在婚姻內發生，並藉此間接抗拒婚姻制度——這個主題無疑滲透了當今的流行文化，也可能是現代婚姻制度不斷急遽改變的潛在根源 [15]。霍普金斯表示，中古時期苦命戀人的故事為一種潛在的行為模式奠下

基礎，而這種行為模式使充滿熱情的幽會成為撮合婚姻百
無聊賴的解藥。

　　當然，「傳奇戀人」的名單上不能少了羅密歐和茱
麗葉，他們是最具代表性的苦命戀人。在莎士比亞的版本
中，兩位戀人分別來自敵對的卡普雷特（Capulet）和蒙
太古（Montague）家族。即使家族成員極力反對，他們仍
在羅密歐的朋友──勞倫斯神父（Friar Lawrence）的協助
之下完婚。茱麗葉的父親不知女兒已經結婚，打算把她嫁
到巴黎。勞倫斯神父建議茱麗葉先假裝答應這樁婚事，並
在婚禮當天喝下他準備的無毒藥劑，讓其他人以為那是毒
藥。那種藥劑只會讓她熟睡，不會奪去她的性命。人們會
以為她已經死了，而稍後羅密歐便能來救她。茱麗葉答應
了。但這個計畫出了差錯，羅密歐並沒有及時得知實情。
他聽到愛人的死訊時哀痛欲絕，便結束了自己的生命，想
在來生與她相會。當茱麗葉醒來得知這一切時，也選擇了
自殺，以死亡的方式與她的摯愛結合。若要把流行文化中
「羅密歐和茱麗葉」的各種版本條列出來，可能花三天三
夜也列不完。簡而言之，儘管這個故事帶有強烈的悲劇色

15　Andrea Hopkins, *The Book of Courtly Love: The Passionate Code of the Troubadours* (San Francisco: HarperSanFrancisco, 1994).

彩，它一直都是愛情力量的最佳表述，作為一種對抗傳統意志的顛覆行為，抑或愚人世界中的一股解放之力。

　　當然，這個莎士比亞故事的詮釋方式不只一種。文學批評家史丹利・威爾斯（Stanely Wells）著眼於當代如何以性的角度詮釋這類戲劇，思索這樣的詮釋是否只是現今想法的投射，莎士比亞其實沒有這麼想過[16]。但他的結論也指出，如果我們有心留意，就會發現莎劇中有非常多的性暗示。這些在過去的審查制度中往往會對劇作家構成威脅，因此他們會刪減明顯帶有性意味的段落，例如《羅密歐與茱麗葉》開場中僕人的對話。1960 年代以後，透過布景、服裝和演出重建該劇中關於性的部分，或從之前未被關注的字句中找出性的意涵，成了一件稀鬆平常的事。莎劇中的確有許多的性描寫，但在《羅密歐與茱麗葉》這類的戲劇中，重點仍放在自由戀愛的本質和它悲劇性的迴響。

　　但丁在《神曲》〈地獄篇〉的第 5 首中描述了保羅（Paolo）和法蘭西斯卡（Francesca）之間的情事，以此作為「得不到的愛情」的縮影。該段落敘說法蘭西斯卡・達・

16　Stanley Wells, *Looking for Sex in Shakespeare* (Cambridge: Cambridge University Press, 2004).

黎米尼（Francesca da Rimini）的真實故事，她被迫嫁給
喬凡尼（Giovanni Malatesta）以鞏固兩個敵對家族之間得
來不易的和平。她的父親知道女兒不會想嫁給醜陋又跛腳
的喬凡尼，於是請喬凡尼的弟弟保羅去把法蘭西斯卡接回
來。然而法蘭西斯卡隨即愛上了英俊的保羅，當她在婚禮
上得知要娶她的人不是保羅，而是他的哥哥喬凡尼（〈地
獄篇〉作「吉央西托」〔Gianciotto〕）時，她怒不可遏；
她對保羅的愛是無可否認的。但丁寫道，兩人其實是在一
起閱讀蘭斯洛特和桂妮薇爾的故事時，燃起了愛意：

> 有一天為了打發時間，我們讀到
> 蘭斯洛特的故事——愛是如何地征服他
> 我們獨處著，也不覺得有什麼奇怪
> 而這篇故事一次又一次地
> 讓我們的眼神交會，臉色發白，
> 讀到一個地方我們終於招架不住
> 它說那討人喜歡的微笑臉龐
> 如何被一個如此情真意摯的人兒吻著，
> 這個人，永遠都不會離開我，
> 在他全身顫抖時，吻上了我的唇。
> 我感到天旋地轉，彷彿要死去。

接著便像屍體般應聲倒地。[17]

他們的故事以悲劇收場。吉央西托手持長劍要殺死保羅，這時法蘭西斯卡躍身到兄弟之間，想要阻止這起殺人事件。但劍刃直接穿過了她，奪去了她的性命。吉央西托對法蘭西斯卡的愛多於她的性命，發狂的他於是把保羅也殺了。這對不幸的戀人最後葬在同一個墓中，象徵他們超越生死的結合。

保羅和法蘭西斯卡的故事是如此的悲傷，令人不忍卒讀。它描繪了因為一個吻而刻骨銘心、超越生死的愛情。對於他們的「不端行為」，死亡是種合理的懲罰嗎？那個吻是否打亂了促成正式婚姻的步驟？正如莎士比亞悲劇中茱麗葉對羅密歐說：「你的罪卻沾上了我唇間。」羅密歐回答：「我唇上的罪？噢，這是多麼甜美的指謫！把我的罪再還回來吧。」（第一幕，第五場，第 5 頁）

每個文化的傳奇或神話中都存在著悲劇戀人的故事。從印度到阿拉伯，從非洲到亞洲，我們都能找到這類的劇情和角色。細節有所不同，但故事情節如出一轍。它們有

---

17 Dante Alighieri, *The Divine Comedy* (Harmondsworth: Penguin, 2003), p. 43.

著一個共同的主題──「命運不堪的愛情」也許是實現真愛的唯一可能。也許如茱麗葉說的，一般罪惡但卻難以抗拒。

名人的愛情故事

　　苦命戀人的故事是流行浪漫文學的一個例子，而這個主題也多次跨進了現實生活的領域。在現代流行文化中，名人間的悲慘愛情事件所在多有。就某方面而言，現代的名人是古代或中古世界中傳奇人物的替身，他們的故事被以類似的方式陳述，因為不管這些「與眾不同」的人物做了什麼，都會比市井小民的癖好得到更有意義的詮釋。在當今的時空背景下，一個名人不必擁有什麼英雄事蹟；他／她只要有名就夠了。根據丹尼爾·布爾斯廷（Daniel Boorstin）1961 年對現代名人的定義，名人是「一個因為有名而有名的人」[18]。一如古代神話中的人物，有些名人儘管已經逝世，卻仍然活在人們的記憶中[19]。

18　Daniel Boorstin, *The Image* (New York: Vintage, 1961).

19　關於名人現象的探討請參見 Leo Braudy, *The Frenzy of Renown: Fame and Its History* (New York: Vintage, 1997); P. David Marshall, *Celebrity and Power: Fame in Contemporary Culture* (Minneapolis: University

　　所有名人的情事中最廣為人知的，可能是作家喬
治・桑（George Sand）（本名阿曼蒂娜-露西-奧蘿爾・
杜班〔Amantine Lucile Aurore Dupin〕）和大作曲家蕭邦
（Frédéric François Chopin）這段發生在十九世紀的戀情。
她要他永遠留在身邊，但他卻在祖國波蘭動盪不安的時刻
歸心似箭。桑於是同蕭邦遷居馬約卡島（Mallorca），兩
人在巴爾德摩薩（Valledemossa）的修道院度過了 1838 年
的冬天，我們如今仍能走訪那座健在的寺院。蕭邦當時已
罹患了早期肺結核，而在巴爾德摩薩過冬讓他的病情更加
惡化。這對戀人在出走前未嘗預料馬約卡的冬天是如此濕
冷，而蕭邦在離開該地的兩年後就過世了。這段戀情和他
許多美麗的鋼琴作品一樣哀戚，有些人認為那正是他靈感
的來源。蕭邦的樂曲和兩人之間的愛情，可能激發了一種
浪漫的信仰──真正的藝術家不會踏入安定的婚姻，而會
因為藝術理想的特質，走進得不到或不得善終的愛情，受
盡其中之苦。

　　「壞小子」是最常出現在大眾想像中的一種形象。他
們有著俊俏的外表，是十惡不赦的惡霸，常常鋌而走險，

---

of Minnesota Press, 1997); Graeme Turner, *Understanding Celebrity*
(London: Sage Publications, 2004); Ellis Cashmore, *Celebrity Culture*
(London: Routledge, 2006)。

卻也因此得到眾人的關注，成為披著英雄外皮的反派角
色。他們不只存在於小說中，因此史學家和新聞記者總有
不少精采的愛情故事可說，而這一切都是真人真事。

　　邦妮和克萊德的故事可能是最廣為人知（或惡名昭
彰）的例子。邦妮‧帕克（Bonnie Parker）和克萊德‧巴
羅（Clyde Barrow）是對亡命鴛鴦，在大蕭條時期同他們
的幫派擄掠美國中部的許多地區。他們搶銀行的「功績」
和戀愛故事在國內一夕成為無人不曉的傳奇，在人稱「公
敵時代」的 1931 至 1934 年成為媒體的焦點。相傳這對
鴛鴦大盜共殺了九位警員和好幾位平民，他們最後在路易
斯安那州被數名警官埋伏擊斃，當時邦妮和克萊德都才
二十幾歲。在不少故事中，女主角為了和她的壞小子在一
起，和他蹂躪四方、同生共死，邦妮和克萊德就是個經典
的例子。這類故事以危機四伏的生活為主軸，對一些（抑
或許多）女性來說，比起一成不變的生活有趣多了，因此
相當具有吸引力。歹徒的生活充滿刺激，而亡命鴛鴦的故
事更帶著無盡的浪漫情懷，遠離社會大眾的檢視和窺視；
這樣的生活方式和愛情能創造出一種強烈而危險的情緒氛
圍。據一些幫派成員所言，邦妮並沒有涉入暴力行為，而
只是對克萊德和他的生活型態深深著迷，一個帥氣的罪犯
散發的性吸引力似乎無人能擋，是位與眾不同的英雄。左

右他的是星辰，而非凡人。克萊德一直都是美國人心目中
最具代表性的反派角色。作家傑夫・奎恩（Jeff Guinn）
在他 2009 年的作品《同下地獄：邦妮與克萊德未曾透露
的真實故事》（*Go Down Together: The True, Untold Story of
Bonnie and Clyde*）中如此描述這段故事不朽的魅力：

　　雖然克萊德和邦妮未嘗是犯罪天才，甚至連屬害的騙
子都稱不上，他們恣意橫行的兩年對世人來說是段充滿恐
懼和誤解的歲月——媒體把他們塑造得神通廣大，他們也
因此成了某種偶像。巴羅幫的粉絲熱愛這對外表華麗的年
輕壞蛋，對警察和銀行家毫不留情的冷酷行徑。克萊德和
邦妮甚至比詹姆斯・卡格尼（James Cagney）在大銀幕上
犯罪更有吸引力，因為他們是玩真的。[20]

　　據奎恩所言，邦妮和克萊德的際遇不可能像故事裡
那麼浪漫或振奮人心，但我們的潛意識希望故事是那樣寫
著。他們的傳奇結合羅賓漢與唐璜敘事中的元素，也象徵
著美國強而有力的個人主義和反建制精神。

---

20 Jeff Guinn, *Go Down Together: The True, Untold Story of Bonnie and Clyde*
(New York: Simon and Schuster, 2009), p. 6.

　　皇室之中也不乏命運坎坷的戀人，就讓我從拿破崙（Napoleon Bonaparte）和約瑟芬（Josephine）的故事說起。約瑟芬是拿破崙的愛妻，生於 1763 年，十七歲時嫁給了博阿爾內子爵亞歷山大（Viscount Alexandre de Beauharnais），生下了一對子女歐仁（Eugène）和奧坦絲（Hortense）；這位子爵是法國大革命最後的犧牲者之一。約瑟芬曾被囚禁一段期間，險些也要送上斷頭台。亞歷山大被處決後不久，她和另一位子爵巴拉斯（Viscount de Barras）熟識，他是當時政府的領導人。在巴拉斯的斡旋下，約瑟芬取回了丈夫生前一部分的財產，旋即成為巴黎上層社會中舉足輕重的人物。她和拿破崙在巴拉斯的家中相遇，兩人一見鍾情，於 1796 年結婚，未生下任何子女。約瑟芬美麗、高雅又聰慧，是拿破崙在權力階梯中向上攀升的助力。她生性風流，據傳在拿破崙出征時有過不少婚外情。已經當上皇帝的拿破崙耳聞後非常憤怒，決定和她離婚。約瑟芬接受了這個決定，發誓從此不再懷疑他的愛。她也順著拿破崙的提議，帶著皇家尊榮退居位於巴黎附近拿破崙為她購置的馬梅爾松（Malmaison）別墅。1810 年，拿破崙再娶奧地利的瑪麗·路易莎（Maria Louise of Austria），隔年生下一子。但兩位苦命的戀人仍然藕斷絲連。拿破崙被流放到厄爾巴島（Elba）時，瑪麗·

路易莎同行的請求被拒。約瑟芬於是寫了封信給拿破崙，詢問能否前去陪伴他。拿破崙被逼著在回信中寫下這是天方夜譚，而這封信還沒送達，約瑟芬就過世了。

雖然約瑟芬曾對拿破崙不忠，從現存的多封情書中可以看出，拿破崙愛她愛得無法自拔。他在一封信裡寫道：

> 睜開我的眼睫，腦海中盡是妳。妳的倩影和昨晚的如癡如醉，讓我的感官沒了知覺。妳正午時就要離開這兒；再過三個小時就能見到妳了。親愛的，想給妳一千個吻，但一下也別吻我，別讓我的血液再次燃燒。[21]

拿破崙為什麼對約瑟芬這樣不貞、放肆又薄倖的女人情有獨鍾（且她還有一口爛牙！）？令人不解。但就像上一章提到的，左右浪漫愛的不是理智，而是慾愛和無償的愛，它們一直都在拿破崙和約瑟芬的心中流轉著。

愛德華八世（Edward VIII）和華麗絲·辛普森（Wallis Warfield Simpson）的戀情跟這個故事有不少相似之處。愛德華八世即位為英國國王還不到一年，就因為想娶離了

---

21 Evangeline Bruce, *Napoleon and Josephine: An Improbable Marriage* (New York: Scribner, 1995).

婚的美籍女性華麗絲而遜位。他的頭銜於是改為溫莎公
爵，並由他的弟弟──約克公爵繼任王位，成為喬治六世
（George VI）。即便華麗絲的兩位前夫都還在世，愛德華
仍堅持要和她結婚，此舉引發了英國的憲政危機。他最終
於 1936 年 12 月退位，迎娶他的夢中情人。還有哪椿情事
比這更浪漫、更多舛嗎？二次大戰期間，溫莎公爵夫婦被
控同情納粹，使他們的故事更加曲折。但就像莎翁的一句
老話一樣：「結局好，一切都好。」這對愛侶在 1950 和
60 年代數次往返於歐洲和美國之間，以名人的身分過著
悠閒惬意的生活。

　　影星之間的戀情可說是宮廷愛情的嶄新形式，好萊
塢和其他形塑大眾想像的媒體使其成為注意力的焦點。已
故演員伊莉莎白・泰勒（Elizabeth Taylor）和李察・波頓
（Richard Burton）紛擾而諷刺的情事便是一例──他們
結了兩次婚，也離了兩次婚。休・葛蘭（Hugh Grant）和
伊莉莎白・赫莉（Elizabeth Hurley），以及湯姆・克魯斯
（Tom Cruise）和妮可・基嫚（Nicole Kidman）的愛情故
事最後也變了調。葛蘭和赫莉在 1987 年拍攝西班牙電影
《浪漫騎士》（*Remando al viento*）時相遇。1994 年，赫
莉陪同葛蘭出席他主演的電影《妳是我今生的新娘》（*Four
Weddings and a Funeral*）的首映，這部電影後來非常賣座。

赫莉穿著別有金色別針的低領黑洋裝，相信你也猜得到，葛蘭被電暈了。他們於是成為一對備受矚目的情侶。而就在他們密切約會時，葛蘭召妓的醜聞在國際間鬧得沸沸揚揚（這是 1995 年的事）。但赫莉選擇當個「宿命情人」，繼續「站在她男人這邊」，一如泰米・懷尼特（Tammy Wynette）1968 年爆紅的鄉村歌曲的歌詞。但他們五年後還是分道揚鑣。湯姆・克魯斯和妮可・基嫚則是在 1990 年拍攝《霹靂男兒》（Days of Thunder）時看對眼，同年聖誕夜就結為連理。他們收養了一個女兒──伊莎貝拉・珍（Isabella Jane，1992 年生）和一個兒子─康諾・安東尼（Connor Anthony，1995 年生）。然而剛過完十周年紀念日，他們便勞燕分飛，其原因未曾公諸於世。2006 年 6 月，妮可在《婦女家庭雜誌》（Ladies' Home Journal）中表示她還是很愛湯姆・克魯斯：「他仍然很龐大。對我來說，他就只是湯姆，但對其他人來說，他太龐大了。在我眼中的他是可愛的。我很愛他，我還是愛著他。」[22]

「苦命鴛鴦」的主題是種「擬像」（simulacrum）──一種無法分辨虛構和現實的心理狀態，由法國哲學家

---

22 *Ladies' Home Journal,* 2006, vol. 46, p. 6.

尚・布希亞（Jean Baudrillard）提出[23]。布希亞指出，擬像並非專屬於現代，它一直都存在著。中古時期的人們深信著崔斯坦（Tristan）和伊索德（Isolde），以及蘭斯洛特和桂妮薇爾坎坷的愛情故事，就如同今天的我們總關注著名人的情事。「苦命鴛鴦」的主題是種典型，源自人心深處對命運的信仰。時至今日，有些「準男友」和「準女友」們仍會透過算命來取得感情生活上的建議，或透過星座來獲得相關的見解。這些行為都有「愛情占星術」（我自己捏造的詞彙）的影子。值得注意的是，「占星術」（astrology）指的是「研究星辰的學問」，同時也研究它們如何影響人們的生活和世界上的種種。這或許透露出某種潛在的想法──世界受到無形力量的左右，因此一個人的愛情運可說是「寫在星星裡」（written in the stars），或更準確地說，「用一個吻好好地封著」（sealed by a kiss）。荷蘭的文藝復興學者丹尼爾・海因修斯（Daniel Heinsius）所言甚是：「你用一把劍征服了一切，卻被一個吻征服。」[24]

23　Jean Baudrillard, *Simulations* (New York: Semiotexte, 1983).

24　參見Barbara Becker-Cantarino, *Daniel Heinsius* (Woodbridge, CT: Twayne Publishers, 1978)。

愛情小說

「虛構作品」（fiction）這個詞在 1412 年左右初次被使用，意為「由頭腦創造之物」。由於敘事長詩、抒情散文和中古早期古法語粗鄙故事（fabliau）的興起，關於愛情的虛構作品在更久之前就廣為流行。如同前面所探討的，這些文類為大眾所接納，成為嶄新的文學形式。

十二到十五世紀間，愛情故事廣受歡迎，許多史學家認為，由日本大丞之女紫式部在十一世紀寫成的《源氏物語》可能是首部真正的愛情小說，敘述一位王子的愛情故事；他想擺脫世代流傳下來一成不變的生活，於是開始了一椿椿不羈的情事[25]。中古的傳奇（romance）書寫騎士的戰鬥、冒險及與女子的幽會。這些故事被稱為傳奇，不只因為它們描繪的是正統或非正統的愛情，也因為它們使用的是大眾的語言，而非拉丁文（官方寫作的語言）。有些人認為，喬叟寫於 1395 年的《狂暴乳母的故事》（*The Tale of the Tempestuous Whetnurse*）是史上第一篇傳奇故事，但喬叟的靈感可能來自薄伽丘（Giovanni Boccaccio）的《十

25 Richard J. Bowring, *Murasaki Shikibu: The Tale of Genji* (Cambridge: Cambridge University Press, 1988).

日談》（*Decameron*，1351-1353），書中收錄多篇浪漫抑
或猥褻的故事。書中的十位友人在黑死病爆發時逃到佛羅
倫斯郊外的一座別墅避難。在這十天裡，他們輪流說著自
己編造的故事來娛樂彼此。

　　霍勒斯‧渥波爾（Horace Walpole）的《奧特蘭托堡》
（*The Castle of Otranto*）是第一部公認的歌德小說。在這種
文類中，男女情愛總是為神祕、恐懼和超自然的氣氛所圍
繞。歌德小說一出現就吸引了眾多讀者，因為它結合了恐
怖和浪漫、愛戀和害怕的情緒，令人難以抗拒。這些故事
發生的地點通常是陰森的哥德式城堡內，因而得名。城堡
裡充滿密道、地牢和塔樓，詭異的事件或不得善終的祕密
戀情就此發生。歌德小說大多以義大利或西班牙為背景，
因為這兩個地點能給英國讀者偏遠而神祕的感覺。

　　歌德風於是紅遍了整個歐洲，成為一種新的小說
類型。這類小說書寫愛情的黑暗面，艾蜜莉‧勃朗特
（Emily Brontë）的《咆哮山莊》（*Wuthering Heights*）即
是一例 [26]。在這本鉅著中，希斯克里夫（Heathcliff）是個
被收養的孤兒，和養父的女兒凱瑟琳‧恩蕭（Catherine

---

26 Emily Brontë, *Wuthering Heights* (London: Thomas Cautley Newby,
　　1847).

Earnshaw）一起長大，兩人間的戀情帶有哥德式的基調，和故事發生的地點一樣歌德——瀰漫著不祥之氣的「咆哮山莊」。狂戀著凱瑟琳的希斯克里夫，無意間聽到凱瑟琳說嫁給他是種屈辱，憤而離家出走。凱瑟琳嫁給了富有的紳士埃德加・林頓（Edgar Linton）。數年後，希斯克里夫成為一位富有且見過世面的紳士，他回到咆哮山莊和林頓的妹妹私奔，作為對凱瑟琳的懲罰。凱瑟琳最後死於難產，讓希斯克里夫終其一生滿懷歉疚和悲痛。這部小說充滿直言不諱的情緒描寫、對傳統道德的漠視以及對情慾的讚頌，因此一問世就大受撻伐。即使非議眾多，書中的超自然成分和男主角的心狠手辣卻吸引了大批讀者，新版本和以此改編的電影不斷推出。

十八世紀晚期的作家安・雷德克里夫（Ann Radcliffe）把超自然的闖入者，和偽裝成情人而徘徊不去的惡霸帶入戀愛情節中，確立了歌德小說的標準模式。她的小說《尤多佛之謎》（*The Mysteries of Udolpho*，1794）非常暢銷，仿作和改編者不計其數，法國的「黑色小說」（*roman noir*）和德國的「戰慄小說」（*Schauerroman*）即是兩個例子。在她的最後一本小說《義大利人》（*The Italian*）裡，一對苦命鴛鴦深陷邪惡僧侶施達尼（Schedoni）神祕難解的圈套中，送到羅馬的異端裁判所訊問。

在瑪莉・雪萊（Mary Wollstonecraft Shelley）1818 年
的《科學怪人》（*Frankenstein*）和雨果（Victor Hugo）
1831 年的《巴黎聖母院》（鐘樓怪人）（*The Hunchback
of Notre Dame*）變得家喻戶曉後，哥德式的體裁在法國廣
為流傳。當時的作曲家很快就把這種文類改寫成音樂劇，
包括聖桑（Camille Saint-Saëns）1874 年的《骷髏之舞》
（*Danse Macabre*）和李斯特（Franz Liszt）的《梅菲斯特
圓舞曲》（*Mephisto Waltzes*）。哥德文類也影響了霍桑
（Nathaniel Hawthorne）、梅爾維爾（Herman Melville）
和愛倫・坡（Edgar Allan Poe）等美國作家。十九世紀，珍・
奧斯汀（Jane Austen）的小說《傲慢與偏見》（*Pride and
Prejudice*）拓展了哥德式小說的體裁，強調女性在感情關
係中的情緒心理，而非男主角的感情事蹟。

歌德文類的範疇隨後再次擴展——涉入一段關係中
的伴侶數不是兩人，而是多人；這也成了當代愛情小說
中常見的劇情。自從 Avon Books 出版凱瑟琳・渥迪威斯
（Kathleen Woodiwiss）的作品《意外的情人》（*The Flame
and the Flower*，1972），現代讀者就對這種「多角戀情」
故事深深著迷，而這種次文類至今仍大受歡迎。E. L. 詹姆
斯（E. L. James）的《格雷的五十道陰影》（*Fifty Shades of
Grey*）便是一例[27]：一個處女愛上了一個性虐狂，並為其

獻身。這本書包含了「（吸血鬼般的）誘惑」和「壞小子」兩個主題，在流行文化中掀起一陣浪潮，印有「五十道陰影」商標的香水、內衣褲和珠寶也陸續問世。但描寫女性的色情作品並不是全新的文類；事實上，早期的騎士愛情故事，以及宮廷愛情、吟遊詩人的詩歌，色情程度可能不下現代作品，甚至更勝一籌，因為其中的情色描寫多為隱喻，而非平鋪直敘。擁有形象強烈的女性角色是色情敘事的共通點——她們與自己的性慾和身分天人交戰。珍妮絲・芮德薇（Janice Radway）指出，愛情小說是女性了解情慾的極佳媒介[28]。女性讀者藉其一窺各種樣貌的愛情，並融入其中，因為閱讀這些作品讓她們重新思考愛情、欲望、婚姻和為母之道，是女性賦權的一部分，而非一些尖刻的批評家所說的「受騙」。

愛情故事和童話有許多相同之處。其實有些世上最令人難忘的吻就來自童話，包括《睡美人》（*Sleeping Beauty*）和《灰姑娘》（*Cinderella*）故事中的吻。童話發生在充滿魔法和奇異角色的超現實世界裡，讓任何年齡的

---

27 E. L. James, *Fifty Shades of Grey* (New York: Vintage, 2012).

28 Janice A. Radway, *Reading the Romance: Women, Patriarchy, and Popular Literature,* 2nd ed. (Chapell Hill: University of North Carolina Press, 1991).

小孩都難以抗拒。童話故事中的男主角或女主角通常處於弱勢，必須通過一連串的考驗，或面對一項「不可能的任務」。藉由魔法的幫助，他們終能鞏固自己的權利，或和一位完美的對象成婚。這些故事總是以「從前從前」開頭，用「他們從此過著幸福快樂的日子」結束。這樣的安排給我們一種「真愛即永恆」的感覺，與現實生活中的其他事物截然不同。

　　在民間傳說中，「仙子」（fairy）是嬌小的超自然生物，通常擁有人類女性的外型，住在以「仙境」（fairyland）為名的虛幻國度。仙子常常涉入人類的世界，以某些方式幫助他們。荷馬《奧德賽》（*Odyssey*）中的賽蓮（sirens）就是仙子，而《伊利亞德》（*Iliad*）中有許多英雄都和仙女（nymphs）們談情說愛。梵語詩歌中描繪的乾闥婆（gandharvas）也是仙子，他們是天上的樂師和歌者。其他的仙子還包括了古埃及的女神哈索爾（Hathors），她們會在嬰孩誕生時出現，預言這個孩子的未來。在莎士比亞的《仲夏夜之夢》（*A Midsummer Night's Dream*）和《羅密歐與茱麗葉》（默庫肖〔Mercutio〕關於麥布女王〔Queen Mab〕的演說）、斯賓塞（Edmund Spenser）的《仙后》（*The Faerie Queene*）、彌爾頓（John Milton）的《歡樂頌與柯瑪斯》（*L'Allegro and Comus*）、夏爾・佩羅（Charles

Perrault）的《鵝媽媽的故事》（*Tales of Mother Goose*）、雅各和威廉・格林（Jacob and Wilhelm Grimm）的《格林童話》（*Grimm's Fairytales*）和葉慈（William Butler Yeats）的《愛爾蘭童話》（*Irish Fariy Tales*）中都能見到仙子的蹤影。

　　善良的仙子溫柔且善解人意，但她們也很善變，常常惡作劇。邪惡的仙子則是種種不幸事物的始作俑者，包括著魔的小孩、被掉包後留下的醜陋嬰兒（changelings），以及猝死的動物等等。迪士尼的奇妙仙子（Tinker Bell）是當代流行文化中的經典之例，但她可不是個平凡的仙子；她一度因為妒火中燒，想殺掉彼得潘（Peter Pan）的好友溫蒂，但活潑的個性和溫和的外表仍使她深受我們青睞。仙子的故事起初經由口耳相傳，直到一位名叫夏爾・佩羅（Charles Perrault）的法國人把它們寫了下來，在《寓有道德教訓的往日的故事：鵝媽媽故事集》（*Tales and Stories of the Past with Morals: Tales of Mother Goose,* 1697）中出版[29]。這本故事集收錄了〈睡美人〉、〈灰姑娘〉、〈小紅帽〉、〈穿靴子的貓〉等名篇。灰姑娘的故事對

---

29 Charles Perrault, *The Complete Fairy Tales of Charles Perrault*, trans. Nicoletta Simborowski and Neil Phillip (New York: Clarion Books, 1993).

電影愛好者格外有吸引力，包括迪士尼 1950 年的動畫，以及近年的改編與詮釋：《麻辣公主》（*Ella Enchanted*，2004）、《麻雀變王妃》（*The Prince and Me*，2004）、《灰姑娘的玻璃手機》（*The Cinderella Story*，2004）等。在《灰姑娘的玻璃手機》裡，讓白馬王子找到那位女孩的是隻遺失的手機，而非掉在地上的玻璃鞋。《麻辣公主》則保留原故事中角色的溫柔敦厚，再加入搞笑和諷刺的劇情。電影中的女主角想要破除服從的魔咒，拋下被奴役的過去重獲自由。

吻在所有的（愛情）故事中都扮演關鍵角色。在一些以「吻」（*The Kiss*）為題的作品中，它被描繪成愛情背後的力量，例如知名作家契訶夫（Anton Chekhov）1887 年的作品，凱特‧蕭邦（Kate Chopin）1895 年、凱薩琳‧哈里遜（Kathryn Harrison）1997 年及丹妮爾‧斯蒂爾（Danielle Steel）2002 年的創作。 許多今天的故事，不管是冒險還是懸疑，若缺少了愛情的主線或支線劇情，就算不上完整，而這樣的劇情中若沒有吻的存在，也會讓人一頭霧水。敘事或現實生活中的接吻畫面構成了愛情的社會表現，尤其是在愛情發展的初期。我們因此在接吻前會刷牙，會保持口氣清新。這並不是本能教我們去做的事，因為我們的祖先顯然喜歡彼此身上「自然的味道」。隨著

時間的推進，我們根據吻的意義發展出一種「美容衛生」
（cosmetic hygienics）。說到這個，廣告商肯定比我們都
還在行，早在 1920 年代，白速得（Pepsodent）牙膏就打
出了一支廣告，台詞簡潔有力：「牙齒潔白，精采自來。」
廣告中的男女坐在一家餐廳裡深情對望，其中的意涵非常
明確：「只要用白速得刷牙，你／妳的感情生活就會精采
萬分。」[30]

　　凱倫・哈維（Karen Harvey）告訴我們，沒有一個理
論能完整地詮釋吻[31]。某種類型的吻也許能讓我們探究一
個文化的過去，可能擁有強烈的象徵意義，也可能在各種
求愛儀式中扮演重要角色。而性和愛，或厄洛斯和愛加泊
之間的關係相當複雜，這點在愛情小說中清楚明瞭。愛可
能在不帶性慾的情況下存在，反之亦然。但愛上一個人，
和在性方面受他／她吸引，常是密不可分的兩件事。二十
世紀有很長一段期間，精神分析學家佛洛伊德提出的「家
庭劇」理論主導了性／愛關係理論[32]。佛洛伊德認為，青

30　James B. Twitchell, *Twenty Ads that Shook the World* (New York: Crown, 2000).

31　Karen Harvey, *The Kiss in History* (Manchester: Manchester University Press, 2005).

32　Sigmund Freud, *On Sexuality* (Harmondsworth: Penguin, 1956).

少年選擇誰當伴侶，有很大一部分取決於童年的經驗和與異性家長之間的關係。根據佛洛伊德，每位孩童在潛意識中都存在一種欲望，想和他們的異性家長有性方面的連結。男孩對母親的依戀稱為「伊底帕斯情結」（Oedipus complex）——在希臘神話中，伊底帕斯是位悲劇英雄，在不知情的情況下殺了父親，還娶了自己的母親。佛洛伊德之後的研究者則用「伊萊克特拉情結」（Electra complex）來指女孩的戀父情結——在希臘神話中，一位叫伊萊克特拉的女性共謀殺害她的母親。這是否代表我們總是在尋找和我們父親或母親相似的伴侶呢？有些女性對罪犯、流氓或到處勾搭女子的「壞男人」情有獨鍾，而有些男性也喜歡風流或危險的蛇蠍美人，這又該如何解釋？是因為他們的父母也是壞蛋嗎？我從這些危險的關係中看到的不是什麼情結，而是人們對冒險和浪漫不羈的嚮往，在危險的環境中實現，帶來無法比擬的刺激感。

第四章

影像中的吻

「每個年輕的雕刻家，似乎都覺得他必須賜予這個世
界一些逾越禮節的女性樣本，把它們命名為夏娃、維
納斯、女神等等，好為它們身上稀少的布料致歉。」

——納撒尼爾‧霍桑（Nathaniel Hawthorne，1804-1864）

　　畢馬龍（Pygmalion）的神話在許多層面上都饒富興
味。他是賽普勒斯的國王，也是位知名的雕刻家。這位
雕刻天才對當時心地不潔的女性感到厭惡，於是根據自己
心中理想的女性形象創造了一座象牙塑像——她美麗、純
潔、穎慧而善良。作品完成後，他瘋狂地愛上了自己的創
作。他想跟她做愛。畢馬龍於是祈求愛與美的女神阿芙蘿
黛蒂賜予那座雕像生命之力。女神實現了畢馬龍的心願，
讓它以伽拉忒婭（Galatea）之名活了過來。畢馬龍跟伽拉
忒亞結婚，生了個兒子，取名為帕福斯（Paphos）。這個
故事吸引了許多作家，包括羅馬詩人奧維德（Ovid），在

他的《變形記》（*Metamorphoses*）[1] 裡重拾這個故事。蕭伯納（George Bernard Shaw）的戲劇《賣花女》（*Pygmalion*，1913），則描述英國一位紳士階級的音韻學教授，把一個出身卑微的女孩教養成高雅的淑女，教她使用正確的文法和發音[2]，還教她行為舉止和說話禮儀。著名的音樂喜劇《窈窕淑女》（*My Fair Lady*，1956）就是改編自蕭伯納的歌劇。「吻」是否存在於最初的畢馬龍神話中？有些版本似乎有提到，但這可能又是個「翻新」的例子，亦即用現在的標準來評價或詮釋過去。

如前面章節所提到的，吻不只是詩人和敘事者的題材，對視覺藝術家，如畫家、雕刻家和攝影師來說更是如此。幾個世紀以來，這些藝術家提供我們各式各樣「看待接吻」的方式。而每個影像都是某種程度上的再現，讓吻擁有一層又一層的意義。我立即想到的例子有奧地利新藝術派畫家古斯塔夫・克林姆（Gustav Klimt）1908 年的作品，畫作同時帶出了吻的浪漫柔和和熱情如火[3]。這個

1　Ovid, *Metamorphoses*, trans. A. D. Melville (Oxford: Oxford University Press, 2009).

2　George Bernard Shaw, *Pygmalion* (London: Penguin, 2013).

3　Susanna Partsch, *Klimt: Life and Work* (New York: Prestel, 1994) 對這幅畫作的美學提出深刻的洞見。

吻似乎在我們的眼前變形，成為永恆的愛情鐫刻，深入石頭的內裡。一對情侶在峭壁旁接吻，兩個人的身體緊貼在一起，溫柔地擁抱。男人吻著情人的臉頰而非雙唇，凸顯這個舉動中的溫柔。她的頭微微傾斜，用不羈的狂喜迎向他。他穿著一件長到蓋住雙腳的長袍，上頭有許多白色和黑色矩形，與她色彩鮮豔、有著同心圓圖案的長袍呈現強烈對比。我們可以看見男人的後腦勺和女人的正臉。畫中的男性角色是吻的發起者，女性則是接受者。兩人看似包覆在一個繭裡，而接吻將他們與乏味日常生活中的妄想和苦難隔開。

　　其他把吻當作創作靈感的畫家都是歷史上數一數二的畫家，包括提香（Titian）、彼得・保羅・魯本斯（Rubens）、安東尼奧・卡諾瓦（Canova）、愛德華・孟克（Munch）、埃貢・席勒（Schiele）、馬克・夏卡爾（Chagall）、亨利・馬蒂斯（Matisse）、亨利・德・土魯斯－羅特列克（Toulouse-Lautrec）、羅丹（Rodin）、海耶茲（Hayez）等等。除此之外，還有羅丹極富感染力的雕塑《吻》、時代廣場上一名水手與他的護士情人接吻的照片，以及所有化妝品平面廣告，如口紅和香水。我們可以建造一個「圖片庫」來收錄所有藝術和商業廣告中的吻。吻的視覺表述加強了其在主流文化中的地位，成為浪漫愛情的

完美象徵。

畫作中的吻

我們難以想像沒有視覺藝術的人生。藝術總是無所不在，從捷運月台上的廣告看板，到畫廊中價格不斐的畫作，以各式各樣的形式存在著。正如紐西蘭哲學家丹尼士・杜頓（Denis Dutton）所言，我們會本能性地去觀看藝術作品，就像有東西靠近眼睛時，我們會自然地瞇眼一樣[4]。

考古學家將藝術的起源追溯到舊石器時代（西元前20,000 至 15,000 年）。該時期山洞內的壁畫讓人難以理解，因為沒有人真正知道它們想表達的意思，以及在早期社會生活中的功能。它們不單只是呈現動物和人類，而是透過藝術家的雙眼來詮釋世界。根據柏拉圖的說法，雕刻家的雙眼從一片不規則的大理石中看見形象，運用他的雙手和想像力賦予這片大理石形狀，形狀的出現改變了全世界。在過去，藝術家被視為貴族或教會體系下的雇員。蘇

4　Denis Dutton, *The Art Instinct: Beauty, Pleasure, and Human Evolution* (London: Bloomsbury, 2009).

美（Sumerian）牧師和文藝復興時期的王子或資本家皆私
下聘請藝術家，給予他們足夠的財富，讓他們能無後顧之
憂地創作，只要能作出符合他們要求的作品即可。浪漫運
動改變了這一切，轉而強調個人主義，並與贊助者脫鉤。
藝術家被視為與眾不同的天才，能發揮自己的創造力而不
受社會規範的箝制，有很大一部分要歸功於浪漫運動。

　　伊特魯里亞（Etruscan）的藝術中也能見到吻的形象。
西元前 480 年的一件作品是較年長的「愛者」（Erastes）
和較年輕的「被愛者」（Eromenos）之間的同性之吻。這
是第一個浪漫之吻嗎？是那個從中古時期以來，主流大眾
所認識的浪漫之吻的前身嗎？就我所知，還沒有人能根據
人類學和歷史證據明確地詮釋這幅畫作。它可能是個愛與
團圓之吻，但不太可能和中古時期出現的浪漫之吻有相同
的意義。

　　文藝復興時期，宮廷愛情文學傳遍整個歐洲，藝術
對吻的描繪開始激增。其中布龍齊諾（Agnolo Bronzino）
的《時間與愛情的寓意》（*Venus, Cupid, Folly, and Time*，
1545）是哥思莫一世・德・麥地奇（Cosimo de' Medici of
Tuscany）委託創作的作品，要贈送給法國國王法蘭西一世
（King François I），畫作表現出文藝復興時期的畫家，如
何用新的角度重新詮釋神祕的過去[5]。在畫中，維納斯裸

身坐著，彎著膝蓋、拱著背。她的兒子邱比特跪在左側，
上半身在她的身後。他們之間的吻親密而細膩，透過兩人
的肢體接觸優雅地詮釋出來，邱比特的手自然地遮住維納
斯的胸部。然而，這幅畫中有個刺眼、抑或不甚得體的形
象──維納斯吐出舌頭，邱比特的雙唇似乎透露出他的性
興奮。這是法式接吻的前身嗎？如畫作名稱所示，這是種
愚蠢嗎？這裡所呈現的親情之愛是形成浪漫愛的根基，一
如男性尋找女伴是為了取代母親的吻，把親情之吻變成愛
慾之吻嗎？有趣的是，這個畫面的上方有個父親的角色，
他的手向下伸展，試圖碰觸維納斯。他想要阻止這一切
嗎？不管我們如何詮釋這幅畫，吻無疑以一種新的姿態呈
現，超越了宮廷愛情，扮演暗示性的角色，讓人們注意到
潛藏在人際關係背後的心理。這是畫作中的吻在歷史上提
供的無價瑰寶。

　　畫布上捕捉到最熱情的吻是《海克力斯和歐斐爾》
（*Hercules and Omphale*）的吻，由法國洛可可畫家法蘭索
瓦・布雪（François Boucher）所繪[6]。根據希臘傳說，海克

5　Carlo Falciani and Antonio Natali, *Bronzino: Painter and Poet of the Court of the Medici* (Florence: Mandragora, 2010).

6　Alastair Laing, *François Boucher, 1703–1770* (New York: Harry N. Abrams, 1986).

力斯是麗蒂（Lydi）王國女王歐斐爾的奴隸。在他為奴期間，歐斐爾將他喚來身邊。畫中兩人的吻是如此情色卻浪漫──他們雙手雙腿交纏，她彷彿散發出強大的力量，手臂環繞海克力斯的背部，一隻腿跨過他。海克力斯的雙手抓著她的胸部和她的背。他們的擁抱看似溫柔卻又難分難捨，似乎會永遠持續下去。這幅畫呈現浪漫、熱情和欲望，且這一切是在小天使的面前發生。這是否在暗示我們，這個吻雖帶有性的意涵，但仍是如天使般，富有精神意義的吻呢？

尚·奧古斯特·多米尼克·安格爾（Jean Auguste Dominique Ingres）1819 年的畫作《保羅和法蘭西斯卡》（*Paolo and Francesca*），以一對悲劇愛人為男女主角，用誇大的手法訴說「偷吻」從發生的那刻起就改變了兩人的命運[7]。這幅畫描繪兩位傳說中的愛人的偷情之吻，法蘭西斯卡的丈夫吉央西托突然出現，把他們逮個正著。這幅畫傳達了偷情之吻的雙重意涵──熱情與背叛。保羅顯然是這個吻的發起者，他靠在法蘭西斯卡身上，而法蘭西斯卡稍微把臉側開不面向他。我們不清楚她是在拒絕他的吻，還

7　Robert Rosenblum, *Master of Art: Ingres* (New York: Harry N. Abrams, 1990).

是平靜地迎接這個吻，也不知道她別過臉的動機為何。有
趣的是保羅最後吻的是她的脖子而不是嘴唇，他深情地擁
抱著她。兩人衣服的顏色也值得注意，這對年輕的愛侶穿
著色彩鮮豔、時髦的衣物，而站在一旁的吉央西托手持著
劍，在背景中穿著一件顏色黯淡的長袍。這樣的對比顯著
而富感染力，反映出偷情之吻在道德上模糊的定位[8]。

　　在佛蘭西斯科・哈耶茲（Francesco Hayez）1859 年的
畫作《吻》中，男人穿著飄逸的大衣、大帽子，遮住茂密
的深褐色頭髮，讓他看起來斯文有魅力，即便我們看不到
他的臉。女性角色的臉只有一部分可見，強調吻神祕的本
質。這幅畫也勾勒出接吻時的性別差異──男性似乎是主
導著，倚在女人身上，雙手捧著她的臉和頭髮。女性則是
配合的一方，從她的手放在男人的肩上就可以看出來。這
很明顯是個偷情之吻，或是在某人（女人的丈夫或男人的
妻子）不願意的狀況下發生，地點是燈光昏暗的樓梯間。

　　熱羅姆（Jean-Léon Gérôme）的《畢馬龍和伽拉忒婭》
（*Pygmalion and Galatea*，1890）重述了畢馬龍的神話故

8　保羅和法蘭西斯卡的故事意義究竟為何？Renato Poggioli在
　　"Tragedy or Romance? A Reading of the Paolo and Francesca Episode
　　in Dante's *Inferno*," *Publications of the Modern Language association of
　　America 72* (1957): 313-358有更深入的討論。

事[9]。如先前討論過的，畢馬龍厭惡所有的女人，寂寞的他決定用大理石雕刻出一個「完美的女人」。伽拉忒婭是他的「天使」，擁有宮廷愛情詩中的傳統女性形象，他深深地愛上了她，為她穿衣服，跟她說話。在阿芙蘿黛蒂的年度盛宴上，畢馬龍到了她的聖壇，央求她把伽拉忒婭變成有血有肉的女人。阿芙蘿黛蒂感受到他真切的懇求，當皮格馬利翁（Pygmalion）回到家親吻伽拉忒婭時，伽拉忒婭的雙唇不再堅如象牙，而是溫熱柔軟而真實。他們立刻愛上了彼此。這幅畫呈現了葛馬龍和伽拉忒婭的初吻——她還有部分是象牙做的，她將自己裸露的身體靠向他，而他用雙手緊抱她的背。他們的吻有覺醒的力量，讓沒有生命的女人活了過來。保拉‧詹姆斯（Paula James）認為，神話賦予作家、畫家、哲學家、科學家、導演和影劇製作人靈感，因為它描繪了女性透過吻獲得的生命之力[10]。

愛德華‧孟克（Edward Munch）的《窗邊的吻》（*The Kiss by the Window*，1892）描繪兩個愛人的身體緊挨彼此，形成完美不可分離的擁抱[11]。孟克的印象派風格融合多種

9　Laurence Des Cars, *Jean-Leon Gerome* (New York: Skira, 2010).

10　Paula James, *The Legacy of Ovid's Pygmalion Myth on Screen: In Pursuit of the Perfect Woman* (London: Continuum Press, 2011).

11　Sue Prideaux, *Edvard Munch: Behind the Scream* (New Haven: Yale

顏色，增添了擁抱的神祕感。當兩人親密擁吻時，他們便合而為一。這種融合的方式也在他同年的另一幅接吻作品中出現，兩個愛人的臉改變了形狀，融為模糊的一團。雷內・馬格利特（René Magritte）以兩位愛侶為主題的作品《情人》（*Les Amants*，1928），是一幅神祕而吸引人的接吻畫作，因為畫中兩人的臉都被頭套罩住，似乎在問著：「我們為什麼要這麼做呢？」還是這幅畫可能象徵著「愛情使人盲目」，且相愛的兩個人不用相見，就能認出彼此呢？從另一個角度來看，由於畫中的兩個戀人及場景都沒有明顯的特徵，它是否暗示著這是全球共通的浪漫行為？或者他們罩著的其實是裹屍布，表示愛能超越生死？

已故紐約流行畫家羅伊・利希滕斯坦（Roy Lichtenstein）有一系列漫畫風格的畫作相當有趣，表現出現代對吻的詮釋。他 1962 年的畫作《吻》（*The Kiss*），從視覺的角度呈現現代社會中接吻的不同意涵。從他的帽子和背景中的飛機推測，畫中血氣方剛的年輕男子，很可能是位飛行員。他是要來還是要離開呢？這個吻是道別的吻，還是在描述回到家中女人身邊的喜悅？她看起來像個潑婦，頂著一頭金髮，穿著紅色洋裝，擦著紅色指甲油和

University Press, 2007).

鮮紅色的口紅。然而，與其直接吻在唇上，她往後傾靠在他身上，似乎醉心於他在頸間的吻。畫作中的兩個人都閉著雙眼，更彰顯了吻的情感力量。

利希滕斯坦在同年又畫了《吻 II》，畫中有兩位青少年熱情擁吻，好像接吻的時候有什麼事即將爆發一樣。兩年後，在 1964 年，他又畫了巨著《吻 V》。畫中女人的紅唇吸引了大家的目光，就像廣告中強調女性的嘴唇一樣。這個吻也吻在了脖子上。她的嘴唇觸碰著他的臉頰，把情慾和浪漫完美地結合。從不同的角度來看，這個吻傳達的意義也不同，可以是分離的悵然若失，或是回歸的欣喜若狂。一些評論家指出，利希滕斯坦的作品運用了漫畫技巧，在流行文化的基本前提上發揮得無人能及，他單刀直入的畫風挑起並諷諭一些深刻的問題，例如浪漫的本質和表達方式 [12]。

最後，美國迷幻畫家亞歷斯・格列（Alex Grey）1983 年的作品《接吻》（*Kissing*）別出心裁，令人眼睛一亮，它著重於兩個人接吻時的肌肉結構。畫作從 X 光影像來檢視兩個人，使他們彷彿融入背景。這幅畫可能在訴說接吻

---

12 Mike Venezia, *Roy Lichtenstein* (New York: Children's Press, 2002)；
　　James Rondeau and Sheena Wagstaff, *Roy Lichtenstein*: *A Retrospective*
　　(Chicago: Art Institute of Chicago, 2012).

的人在接吻時，與世界和情人間的緊密關聯。

前述的畫作告訴我們吻在情緒上及社會上都具有強大的影響力；它能改變一切。已故流行藝術家安迪・沃荷（Andy Warhol）對這點了解得十分透澈。他在 1963 年拍攝了好友與周遭人們的接吻影片，連續四分鐘毫無間斷。《吻》系列於是誕生，在藝術界和電影界造成轟動，呈現了吻改變事物的力量。接吻時嘴唇、舌頭和其他結構完美結合，融為一體。

雕塑中的吻

西元 1000 年左右契特拉古波塔神廟（Chitragupta Temple）的雕刻，很可能是歷史上首座呈現嘴對嘴接吻的雕塑，告訴我們浪漫之吻的淵源可能始於印度，比吻在中古歐洲的出現早了一世紀，如前所述。如果這個吻的本質真的是浪漫而非情慾，它便可能是出現在世界其他地方的吻的原型。這座雕塑是獻給太陽神蘇里亞（Surya）的，預示了接下來的其他雕塑作品。不管它的意義為何，它帶出了一個事實──雕刻家跟畫家一樣，對吻深深地著迷。雕塑讓藝術家能用立體的型態來呈現吻，供大家欣賞和觸摸。

　　1886 年奧古斯特・羅丹的作品《吻》（*The Kiss*）是件空前的雕塑巨作，把保羅和法蘭西斯卡這對悲劇戀人的故事刻進大理石中。這也是有史以來最廣為人知的作品之一，兩位戀人以全裸的形象呈現。

　　創作這個雕像原先的目的是想作為《地獄之門》（*Gates of Hell*）的一部分，是為了 1889 年計畫於巴黎建造的博物館所做。羅丹認為情侶的形象無法融入，因而把雕像移除，讓他們獨立出來。羅丹形容他的雕像「相當完美，人為力量使它與周遭世界隔離」[13]。這個吻熱情而且狂野。雕塑中的兩人似乎被這個吻沖昏頭，裸露的上身也暗示著兩人的親密。這座雕像的銅製版本高 74 公分，在 1893 年芝加哥哥倫布紀念博覽會（World's Columbian Exposition）展出。它似乎不太適合公開觀賞，因此被移到展覽室內，只讓成年人參觀[14]。

　　卡諾瓦（Antonio Canova）創作的《天使之吻》（*Pysche Revived by Cupid's Kiss*，1787）強調吻所賦予的生命力。雕

---

13 引用自 David Wallechinsky and Amy Wallace, *The Book of Lists* (Edinburgh: Canongate Books, 2004), p. 22。

14 對羅丹作品的洞見可參閱 Yvonne Taillandier, *Rodin* (New York: Crown, 1977); Catharine Lampert, *Rodin: Sculpture and Drawings* (New Haven: Yale University Press, 1986); and Rainer Crone and Siegfried Salzmann (eds.), *Rodin: Eros and Creativity* (Munich: Prestel, 1992)。

像中的吻尚未發生，呈現的是邱比特和賽姬之間「即將發生的」吻；賽姬已經重獲邱比特對她的愛，卻被下了魔咒。那個即將發生的吻，親密、溫柔而充滿期待。他們似乎望進彼此的雙眼，賽姬用指尖拂過邱比特的頭髮，他的雙手抱著她的頭和胸。如我們所見，在羅馬神話中，賽姬是一位非常美麗的公主，女神維納斯也嫉妒她的美貌。在其中一個故事版本裡，維納斯要她的兒子邱比特讓賽姬愛上世界上最醜的男人。但沒想到，邱比特卻愛上了賽姬，不讓賽姬看見他的臉。當她看見他的臉的時候，邱比特就甩了她。他們終能相聚，而雕像描述的就是這個重逢的場景。雕像中吊人胃口的手法和電影場景中一樣──兩個戀人的雙唇十分靠近，卻沒有接吻，令我們感到焦躁、坐立不安，感受到吻帶給我們的「情感宣洩」。

羅馬雕刻家康斯坦丁・布朗庫西（Constantin Brancusi）的《吻》（*The Kiss*，1908）十分簡潔有力[15]。它的焦點不在戀人身上，而在接吻本身，捕捉了整個動作的精華。雕像中沒有明顯可見的臉龐，只呈現出兩個抽象的形體，眼對眼、唇對唇、身體挨著身體互相擁抱。這兩個形體互成

---

15 Eric Shanes, *Constantin Brancusi* (New York: Abbeville Publishing, 1989)
　一書對布朗庫西作品有精闢的討論。

鏡像，訴說著肉體和精神的相互交融。這座雕塑呈現出吻是一種無法分割的連結，使兩顆心合而為一。接吻者的身分不重要，「吻」才是重點。

　　最後還有香港現代雕刻家曾章成的《鴛鴦二世》，無疑是現代作品中對吻最有趣的詮釋。雕像的名稱指的是一種「源自中國的愛情魔藥」，由咖啡和奶茶混和而成。光影自裝著鴛鴦靈藥的馬克杯緣溢出，在兩個戀人接吻時灑上他們的臉。他們閉著眼睛、貼著雙唇、鼻子互碰，兩個人的擁抱像有魔法一般，忘卻身旁發生的所有事情。色彩對比的應用也傳達了中國陰與陽的哲理，在接吻的過程中，男性與女性的氣場達到了平衡。

攝影和肖像中的吻

　　1956 年 3 月，一位年輕攝影師被指派要為年輕的歌手艾維斯・普利斯萊（Elvis Presley）拍照。這位攝影師是亞伯特・魏泰邁（Albert Wertheimer）。他拍的照片震驚全球，而且在艾維斯成為超級巨星和搖滾樂之王後，很少被拿出來觀賞。原因很明顯，艾維斯和照片中的年輕女性進行著相當色情的法式接吻。這是張當代道德觀無法允許在公共場合觀賞的照片。它帶來的衝擊持續了許多年，魏

泰邁之後也拍攝了許多艾維斯著名的、相當自然的幕後照片。

當攝影技術一出現，它幾乎立刻成為一種藝術形式。從 1860 年到 1980 年代，有些肖像畫家用攝影取代素描和油畫，因為攝影讓藝術呈現得更加忠實。今天攝影已成為發展相當成熟的藝術。相片提供了視覺證據，證明我們確實以某種型態存在著，而不只是存在於想法之中。因此在安東尼奧尼（Michelangelo Antonioni）1966 年的電影巨作《春光乍現》（*Blow-up*）中，從相片尋找犯罪線索是個隱喻，暗示我們也透過照片中的影像，尋找自我存在的線索。安東尼奧尼是位來自倫敦的知名現代攝影師，他的社交圈環繞在時尚、流行音樂、大麻和性愛之間，他開始厭倦自己的存在，覺得自己的人生煩悶而了無意義。他拍的時尚照片缺乏靈感，對模特兒的態度也非常惡劣。他的人生，在遇見一個神祕的美人後有了轉變。有一次他為那個女人拍照，之後卻在暗房某張照片的放大影像中發現一件駭人的事情——照片中竟有具屍體。他很有可能拍到了謀殺案現場卻不自知。他仔細研究負片中的細節，讓越來越細微的部分一一顯現，最後終於把每個線索拼湊起來。因為這個發現，他重拾對攝影的靈感，透過犯罪現場照片的意義，尋找生命的意義。雖然他終究沒有找到，但尋找的

過程引人入勝，賦予他新的活力。這部電影也呈現了電影史上最情色的吻，發生在一位攝影師和他的美麗女人（凡妮莎‧蕾格烈芙〔Vanessa Redgrave〕飾）身上。這個吻和神祕感之間的連結顯而易見。愛情、性愛和人生都有結束的一天，好似一開始根本就不存在。

　　與吻相關的照片中最著名的一張，是攝影師阿爾弗雷德‧艾森士塔特（Alfred Eisenstaedt）所拍攝的。照片中呈現一名水手和護士在 1945 年 8 月 14 日的時代廣場接吻，當時美國正慶祝著對日戰爭的勝利。這張照片登上了《生活》（Life）雜誌，它的形象鮮明而極具代表性，全美國的家中和辦公室都能看見它的蹤影。沒有人知道接吻者的身分，但從那時候開始就有許多人出來邀功，宣稱照片中的人就是自己。這個謎題或許永遠無法解開，但艾森士塔特留給我們一則關於男主角的精采故事。他在自傳中寫道，他跟著那位水手穿梭在人群中，水手吻了每一位穿著裙子的人 [16]。那位眾所皆知的水手因此成了風流男子，而不是我們幻想或期待中的浪漫男友或丈夫。這個吻的力量令人難以招架，因為這樣的吻幾乎不會發生在大庭廣眾之

---

16 Alfred Eisenstaedt, *Eisenstaedt on Eisenstaedt: A Self-Portrait* (New York: Abbeville Press, 1985).

下。各家報紙上都登有這張照片，它被視為新時代中，和平、愛與希望的象徵。

與艾森士塔特的照片同樣火紅的，還有來自巴黎的羅伯特・杜瓦諾（Robert Doisneau）於 1950 年拍攝的《市政大廳前的吻》（*Le Baiser de l'Hotel de Ville*）。他在二次大戰後和巴黎解放運動有關的攝影作品，紅遍了世界各地，出現在無數的報紙和雜誌中。他的《市政大廳前的吻》捕捉兩位戀人在人來人往的巴黎大街上接吻，這個畫面隨後成為明信片、便條紙、海報和網站上最常使用的影像。照片中的場景和艾森士塔特的作品十分類似，二者都有人群在一旁走動。但在杜瓦諾的照片中，男女主角接吻的方式似乎較傳統、較含蓄。這張照片的浪漫之處在於，兩人在大庭廣眾之下接吻時，雙眼是閉著的，強調他們公然違抗社會規範，為了浪漫在所不惜。值得一提的是，在某次為該照片抗告的法庭中，杜瓦諾承認這張照片並非捕捉一個自然的瞬間，而是拍攝刻意安排的場景。當然，這並不影響觀者如何看待這張照片，他們看到的依然是吻所表達的，對愛情的承諾。

有些照片對現代流行文化影響甚鉅。瑪麗蓮・夢露對假想的觀眾送飛吻的照片即是一例。即使她沒有和任何特定的對象擁抱，照片仍獨具吸引力，因為她的對象就是我

們這些看照片的人。這張照片的拍攝日期和攝影師都不得
而知，但不管是誰拍的，它以視覺的方式向我們描繪一個
吻，讓我們產生共鳴。相片完美結合人們對浪漫的期望，
以及一位 1950 年代巨星引發的，對性愛的期待。另一張
相片中的吻也在流行文化史上深具代表性，由安妮・萊柏
維茲（Annie Liebovitz）拍攝，捕捉 1980 年小野洋子和約
翰・藍儂（John Lennon）在床上接吻的畫面。這張照片
曾用作《滾石》（Rolling Stone）雜誌的封面。兩位搖滾
英雄展現出來的脆弱，讓這張照片十分引人注目且極具感
染力。裸體的藍儂與洋子的深色衣著形成明顯的對比，她
摟著她的「胎兒」，表現出母愛。不久之後，藍儂在曼哈
頓街上被謀殺。多年後再看看這張照片，令人更為動容。
這個吻同時呈現了愛、熱情、脆弱、恐懼、需要和渴望。

　　另外一張兩個女同性戀人的照片以《吻》為題，約在
2002 年左右由坦尼婭・卓克林（Tanya Chalkin）拍攝。這
個吻和艾維斯的吻不同，也跟大銀幕上第一個同性之間的
吻有異，出現時幾乎沒造成什麼騷動，被印在大學校園的
海報上大賣。這個吻的故事比較像是一個關於社會演進的
趣聞，而非關於革命。今天卓克林的照片和艾森士塔特那
張男人熱吻女人的照片一樣，廣為社會所接受，表示我們
確實已從偽道德主義的枷鎖中解放出來。照片中的吻親密

且充滿愛意。照片中的兩個女人是彼此的鏡像，面貌極為相似，其中一個女人抱著另一個活生生的自己，呈現一種「二重身」（doppelganger）的主題。她們倆只有髮型不同。這張照片成功的原因，或許是因為它傳達了從過去全然解放出來的訊息，這個訊息持續散發出去，以初吻的形式留下印記，抗拒古板的求愛方式和婚姻傳統，是一個充滿熱情和溫暖的動作，也是精神上的結合。

在 2003 年的「MTV 音樂錄影帶大獎」（MTV Video Music Awards）節目中，瑪丹娜（Madonna）和小甜甜布蘭妮（Britney Spears）張嘴接吻，這個吻的重要性不在它的價值震撼，而是藉由一種「挑戰傳統的淫靡行為」，建立新的性愛道德體制。在大眾媒體上接吻的另一個例子，是 1968 年《星際爭霸戰》（*Star Trek*）中，詹姆斯·T·柯克隊長（Captain James T. Kirk）（威廉·薛特納〔William Shatner〕飾）和烏瑚拉上尉（Lieutenant Uhura）（妮雪兒·尼柯斯〔Michelle Nichols〕飾）的吻。這是電視上出現的，第一個跨種族的吻，確實為當時社會帶來顛覆的效果。

在這個吻發生之前，有許多的撫摸與磨蹭，因為這對戀人起初對接吻有所抗拒。這個吻其實是被一群奇異的「冥王星人」（Plutonians）所逼迫，他們運用心靈傳動來控制太空船上的船員。不論他們是否願意，終究還是接

吻了，而且很顯然地，他們非常享受這個吻。這個吻持續了很久，直到不同種族間的人為障礙冰消瓦解。

　　1981 年的電視銀幕上出現了另一個看似有些矜持的吻。這個吻發生在 1981 年 7 月 29 日的一座陽台上，男女主角是查理王子和黛安娜王妃，後來又被稱為「童話之吻」。全球估計有 75 億電視機前的觀眾看見了這個吻。如果我們仔細看這個吻，便會發現它有些詭異甚至不祥——是黛安娜王妃主動靠近查理王子，她似乎要用力伸長脖子，才能吻到他。他看起來有些冷漠。這個吻是否預告了未來，就像童話故事裡一樣？

　　在所有人類想像得出來的偉大畫面中，除了戀人熱吻的片刻之外，其他對我們的吸引力並不大。影像能傳達的訊息比純文字多很多，用十分人性的方式使我們連結在一起，一如柯申鮑姆所說：

　　吻在現代社會中廣受歡迎，可能比人類歷史中的任何時期都還受歡迎。我們頌揚具代表性的接吻照片，如艾森士塔特在對日戰爭勝利紀念日那天，在時代廣場上拍攝的水手和護士的吻，它出現在《生活》雜誌中。我們讚美藝術中的吻，如古斯塔夫·克林姆以「吻」為名的畫作。我們忘不掉意料之外的吻，如高爾夫婦（Al and Tipper

Gore）在 2000 年民主黨全國代表大會（Democratic National Convention）上的吻。但這些都只是開端而已。「MTV 音樂錄影帶大獎」特寫麥可・傑克森（Michael Jackson）親吻麗莎・瑪麗・普利斯萊（Lisa Marie Presley）的畫面，以及後來瑪丹娜和小甜甜布蘭妮及克莉絲汀・阿奎萊拉（Christina Aguilera）之間的吻，每一吻都值得記錄。之後薩夏・拜倫・柯恩（Sacha Baron Cohen）飾演波拉特（Borat）這個角色，幾乎吻了所有他遇見的人，留給被吻者和觀眾很深的印象。這些接吻的片刻成為頭條新聞，流傳到世界各地，人民也在接下來的幾十年中，不斷討論這些畫面，或許是這樣的行為提醒了我們，名人、偶像、領袖和一般人其實相去不遠。我們的膚色、語言和習俗可能不同，但走遍世界各地，接吻已經成為人類唯一共通的行為表現[17]。

賣吻

　　或許沒有任何現代社會的商業機構，能夠像廣告商一樣緊貼著流行，回應社會大眾不斷變化的需求。吻毫無疑

---

17 Sheril Kirshenbaum, *The Science of Kissing: What Our Lips Are Telling Us* (New York: Grand Central, 2011), pp. 66–67.

問地在商品廣告中扮演重要的角色，且通常和性愛有關。
廣告商強調的不是商品本身，而是購買了這個商品之後所
能帶來的好處。確實，最有效的策略不只是要跟上時代，
也要跟上潮流的變化，融入新的生活型態。

　　與戀愛和婚姻有關的廣告已存在了很長一段時間。
19 世紀的報紙就有求婚和徵婚公告，類似我們今天在網
路上看到的那樣。以下的廣告出現在 1870 年 3 月 20 日的
《紐約先驅報》（*New York Herald*）頭版 [18]：

　　那位深色頭髮的女士，妳願意將星期五早上與友人在
窗邊看到的那張卡片，寄給這位妳朋友都認識的紳士嗎？
他很抱歉用這種方式做出這樣的請求，但他相信妳會諒
解，並（在精神上）同意讓他吻妳的手。

　　透過與接吻有關的廣告販賣商品擁有多種意涵。
「越界」（Transgression）是 1990 年代著名的班尼頓
（Benetton）服裝廣告，因為它呈現神父和修女接吻的畫
面，相當具有震撼力。這個吻顛覆了男女主角的身分，公
然對抗傳統教條，吸引了我們的注意。當然，兩個接吻者

18 同上註，頁192。

之間或許真有情愫，但對外人而言，感覺多是粗俗又索然無味。有趣的是，這支廣告造成的迴響非常有限，表示時代確實已經改變了。

以女性嘴唇為主題來促銷化妝品或其他生活用品的廣告多到無法勝數。這些廣告和流行藝術一樣，物化了眾所期待的吻，使這個吻能獨立存在。正是這種期待的感覺，誘使我們運用想像來看待和感受這個吻。

無論是透過畫作、雕像、相片或是廣告，吻的力量都透過影像傳達出來。因為這些意象的累積，女性原本尊貴而備受尊崇的地位已經恢復。如同許多其他文明，相傳希臘古文明是由一名女性雅典娜（Anthena）所創建。她從宙斯的額頭誕生，出生時已是成人。身為宙斯最疼愛的孩子，他給了她自己的盾和最重要的武器——閃電。雅典娜的神殿，又稱帕德嫩神殿（Parthenon），位於雅典，這個城市就是以她為名。她擁有很大的權力，統御著全世界，也被視為城市、工業、藝術、戰爭和智慧的女神。

吻或許帶我們回到了雅典娜時期，也或許帶來了所謂「新畢馬龍時代」。我們都親吻過女性的大理石塑像，而她自彼時起也永遠進入我們的生活中，以自由角色的姿態出現，樂意公開地表現自己。這或許能夠解釋為何嘴對嘴的接吻在文學、藝術和廣告中，流傳甚廣，成為流行文化

出現、興起和普及背後的能量來源。柯申鮑姆對這件事的
看法，值得在此重提：

　　在莎士比亞的戲劇和狄更斯的小說中，接吻是種社
會期待，且貌似大家都照做不誤。我們傳承了吻的遺產，
透過藝術和文學發揚光大，其重要性與時俱增。在西方
文化中，文學作品中令我們最難忘的英雄，都在等待一個
特別的吻。這份期待讓故事繼續進行，而吻最後通常發生
在主角身上。這是孩子們閱讀故事時期待的美好結局，
從《白雪公主》（Snow White）到《青蛙王子》（The Frog
Prince）皆是如此。畢竟我們無法想像，那些最知名的童
話故事若是缺少了吻，會變成什麼樣子呢？[19]

19　同註17，頁59-60。

第五章
歌曲中的吻

一個吻中藏了多少謊言阿。

——海因里希·海涅（Heinrich Heine，1797-1856）

　　吟遊詩人和中古時期的作曲家肯定知道，沒有任何藝術形式能像音樂一樣，表達出愛裡的激情。柏拉圖（Plato）在《理想國》（*Republic*）中，把音樂和我們對美的需求畫上等號：「音樂的目的恰如其分。如果不是對美的熱愛，那音樂的目的是什麼呢？」[1]1950 年代有一首熱情而浪漫的歌曲，喚起柏拉圖所謂的「對美的熱愛」——由路易斯·阿姆斯壯（Louis Armstrong）等人演唱的如〈火之吻〉（Kiss of Fire）。這首歌像是施了魔法一樣，讓聽過的人都心有戚戚。第一句歌詞「我觸碰你的唇，火花瞬間迸出」便說明了一切，從頭聽到尾便能得知，不論如何，我們必然會

1　Plato, *The Republic* (New York: Sphere Books, 1986), p. 171.

屈服於那「如火之吻」。

　　這首歌其實脫胎自著名的阿根廷探戈〈玉米芯〉（*El Choclo*），是個更輕快的版本。〈如火之吻〉就像熱情奔放的探戈舞蹈般，帶出音樂的力量，讓我們在情緒上受到感染，為之激昂。為什麼音樂這麼令人難以抗拒呢？如美國教育學家路易士・湯姆斯（Lewis Thomas）在他的《水母與蝸牛》（*The Medusa and the Snail*）中所言，這或許是因為：「我們可以用音樂來解釋人類的大腦如何運作。我們聆聽巴哈（Bach）的音樂時非常專注，因為我們正在聆聽人類的思維。」[2] 從吟遊詩人的歌曲到愛情小調，到早期搖滾的抒情民謠，再到歌詞更加熱情的流行歌曲，「接吻」一直都在情歌之中占有一席之地。以吉米・羅傑斯（Jimmy Rodgers）1958 年發表的歌曲〈吻甜於酒〉（Kisses Sweeter than Wine）和 Bikeride 樂團 2007 年的專輯《吻》（*The Kiss*）為例，接吻在很多時候都是歌曲中的主要內容。吻不只以文字和視覺藝術的方式，也透過旋律及和聲來呈現。吻也可能是我們許多熟悉的歌曲中的興奮劑，讓我們隨即感受到愛戀與熱情。一如經典歌曲〈當時光流逝〉（As

---

2　Lewis Thomas, *The Medusa and the Snail: More Notes of a Biology Watcher* (London: Penguin, 1979), p. 87.

Time Goes By）中的歌詞，吻並不僅僅是吻，它擁有更深的意涵。

情歌

　　浪漫之吻以符號的姿態出現，代表著祕密戀情、人們從家庭安排的婚姻中解放，也象徵女性不言自明的力量。如前述章節所言，它融入了許許多多的詩詞當中。大部分的情詩都是為了和豎琴等弦樂器一同演唱而作。歷史上第一個自創的音樂類別，是吟遊詩人口中唱出的「情歌」（*canso d'amor*），後來在法文裡又稱作 *chanson d'amour*。在情歌裡，詩人把自己的心上人想像成美德的化身，願意獻出自己的一生來讚頌她。情歌與傳統基督教的道德觀念背道而馳，不只讚美精神上的愛，也頌揚肉體上的愛，強調求愛過程中吻扮演的重要角色。情歌顯然是由宮廷愛情塑造而來，卻也反過來影響宮廷愛情傳統以及但丁、佩脫拉克等中古時期的作家 [3]。

3　關於吟遊詩人詩與歌曲全面性的討論，參見Simon Gaunt and Sarah Kay (eds.), *The Troubadours: An Introduction* (Cambridge: Cambridge University Press, 1999) 和 Elizabeth Audrey, *The Music of the Troubadours* (Bloomington: Indiana University Press, 2000)。

　　但丁在他的《俗語論》（*De vulgari eloquentiae*）裡，把 canso 定義為「虛構的事物」，成了這個詞早期的用法[4]。這是因為歌詞講述的是宮廷愛情、騎士精神以及偷情之吻改變世界的力量。但丁所說的「虛構之事」，指的是當時剛出現在世界上的求愛新秩序，由眾詩人創造出來而非延續傳統。有些歌曲非常諷刺，戳破吟遊詩人製造的宮廷愛情想像，揭露這種愛情在現實中其實難以達成。時代最早的、有作品流傳至今的吟遊詩人是 Guilhèm de Peitus（或譯「吉揚」），人稱阿奎丹公爵威廉六世（Duke William IX of Aquitaine，1071-1126）。中古時期的史學家彼得・杜拉克（Peter Dronke）認為吉揚的歌曲代表情歌類別的「巔峰」[5]。我們透過總共二千五百多首的吟遊詩人情歌，得知這種歌曲形式和自由戀愛的新興想法是多麼受歡迎[6]。音樂評論家們一致認為情歌大師非伯納爾特（Bernart de Ventadorn）莫屬。他的作品至今仍保存在許多音樂學院中，受到當代人高度的推崇。他的歌曲也在整

4　Dante Alighieri, *De vulgari eloquentia*, ed. Steven Botteril (Cambridge: Cambridge University Press, 2005).

5　Peter Dronke, *The Medieval Lyric* (Woodbridge: Boydell & Brewer, 1996), p. 111.

6　F. R. P. Akehurst and Judith M. Davis (eds.), *A Handbook of the Troubadours* (Berkeley: University of California Press, 1995), p. 23.

個中古時期廣為流傳[7]。這些歌曲是歷史上最早出現的流行歌曲，寫出平民百姓的愛情故事，獲得中古聽眾廣大的迴響。

另一類歌曲 *cansi* 的常見主題則與騎士和貴族有關，透露出中古平民對宮廷的想像，闡述或編造國王、騎士與他們情人的故事。這些故事圍繞宮廷生活、騎士們對貴族女性的行為舉止（可能是真實事件抑或虛構的劇情），以及競技和格鬥。*Cansi* 又稱作武勳之歌（*chansons de geste*），美化騎士與情人之間的愛情，不論她們是否已婚。有些吟遊詩人本身就是騎士，浮誇地寫出自己輝煌的求愛事蹟。許多歐洲的國王也會自己創作歌曲，如英國國王理查一世（Richard the Lion-Hearted of England）和斯蒂利亞和萊昂國王阿方索十世（Alfonso X of Castile and Leon），將戀愛視為尊貴的行為——如果自己心領神會，便能在精神上有所提升。

吟遊詩人大多演唱自己的歌曲，負責演奏的吟遊詩人

7　以下的作品皆探討吟遊詩人在音樂和詩歌上的重要性：Frederick Morris Warren, "The Troubadour 'Canso' and Latin Lyric Poetry," *Modern Philology 9* (1912): 469–487; H. J. Chayton, *The Troubadours* (Cambridge: Cambridge University press, 1912); Roger Boase, *The Origin and Meaning of Courtly Love* (Manchester: Manchester University Press, 1977); Gaunt and Kay, *The Troubadours*。

叫做 jongleurs，負演唱的則稱為 cantaires（中譯皆為「吟遊詩人」）。有些吟遊詩人是演唱者也是流浪藝人，替貴族們傳情，將情歌傳唱給他們的情婦或情人，作為愛情的邀約。因此他們可說是「歌唱電報」的始祖，戀愛成了一門生意。吟遊詩人會特地為一位貴族主顧寫歌，娛樂朝臣，頌揚愛情和那位貴族，嘲諷情敵和敵軍。另外也有一些吟遊詩人是說故事的人、雜耍藝人、小丑或雜技演員。他們是流浪的表演者，在不同的國家有不同的名字，娛樂的對象是農村的居民，而非王公貴族。同時期的德國也有類似吟遊詩人的愛情歌手（Minnesinger），他們在宮廷盛宴中同音樂家伴奏吟詩。Minne 在德語中是「愛」的意思。愛情歌手歌詠的宮廷愛情和許多吟遊詩人如出一轍，大都是某位騎士愛上出身極高的女性，開花結果的希望渺茫。這些歌曲描述了騎士的懇求及心上人的不理不睬；她自始至終都遙不可及。最著名的愛情歌手是 1200 年代的唐懷瑟（Tannhauser），因華格納的戲劇《唐懷瑟》（Tannhauser，1843）而爆紅。有傳言指出，唐懷瑟的人生永無安寧，就算參與聖戰抵達聖地也無法平靜。1500 年代的民謠說了一個故事：一名男子在某個夜晚裡騎著馬，眼前出現了一位美麗的女人。他把她當成女神維納斯，跟著她來到山中的一座皇宮，與她在宮中生活了七年。接著，唐懷瑟離開

了那個地方，開始了長途旅行，到羅馬尋求教宗的原諒，赦免他的罪，卻無功而返，最後傷心地回到他的維納斯身邊[8]。

Cansi 在本質上是以音樂形式創作的詩，受到義大利新甜美風格（*dolce stil nuovo*）的影響，甚或由其衍生而來。這個傳統頌揚女性，稱她們為天使（*angelo*），復興了畢馬龍神話（Pygmalion myth）。這些詩是第一批非拉丁文的文學作品，以平民使用的方言寫成。首先採用這種書寫形式的是西西里學派（Sicilian School），從皇帝腓特烈二世（Emperor Frederick II）時期便開始發展。腓特烈二世在 1200 年前半統治了巴勒摩國（Palermo），身邊集結了許多高知識分子和詩人，用優美的西西里方言寫作，形成後來我們所知道的西西里學派。他們的詩作模仿吟遊詩人的情詩，也自創十四行詩等新的詩歌形式。

即便西西里學派在 1226 年隨著西西里政權的結束而消失，西西里詩歌已經廣受歡迎，義大利其他地區的文人開始模仿這種寫作方式。波隆那詩人奎多・奎尼采利（Guido Guinizelli）稱這種寫作方式為新甜美風格（*Il*

8　Ronald J. Taylor, *The Art of the Minnesinger: Songs of the Thirteenth Century* (Cardiff: University of Wales Press, 1968)，收錄並分析了愛情歌手（*Minnesinger*）創作的音樂。

dolce stil nuovo），在吟遊詩人的情歌中加入理想化的精神
面向，把女性視為天使，認為愛情是所有美德的根源。吻
在這個新的詩作架構底下，成為通往精神之愛的導引，而
非性愛的前戲。流行於現代的民謠傳承了將女性視為天使
的想法，在柯提斯・李（Curtis Lee）的〈漂亮的小天使
般的眼睛〉（Pretty Little Angel Eyes，1961）和尼爾・薩
達卡（Neil Sedaka）的〈隔壁的天使〉（Next Door to an
Angel，1962）兩首歌曲中可見一斑，歌詞自然地透露出
與新甜美風格相同的比喻。如薩達卡所言，他就「住在天
使隔壁」，希望將這位天使占為己有。這種意象冥冥之中
與《神曲》有歷史上的連結，該書的作者但丁在《天堂篇》
（*Il Paradiso*）中與自己的天使貝緹麗彩相見。

　　有些歌詞呈現出來的女性天使形象，會與女性魔
鬼（或蛇蠍美人）的形象並列，這絲毫不令人意外。
例如艾維斯・普利斯萊在〈魔鬼的化身〉（The Devil in
Disguise，1963）這首歌中，讓女性天使般的外表帶出魔
鬼般的個性，呈現得相當完美。歌曲以「妳看起來像天使」
開頭，但最後得到的結論卻是「妳是魔鬼的化身」。在這
些歌曲中，吻並非通往女性天使般的靈魂的管道，反而是
她們用來勾引利誘男性的工具。

　　女性的雙重形象，自古以來就可見於世界各地不同文

化的象徵和表現傳統中。我們一方面聽過許多和女神或女英雄征服世界、推翻性別霸權的傳說，如莉莉絲（Lilith）、黛利拉（Delilah）、莎樂美（Salome）、特洛伊的海倫（Helen of Troy）等；另一方面也找到一些神話，訴說女性擁有讓世界和平的精神力量，如蓋亞（Gaia）、夏娃（Eve）和瑪丹娜（Madonna）。不同時空背景下的女性都被視為擁有兩種天性的個體——「慈母和天使」以及「妖姬和魔女」。《聖經》中的人物即體現了女性的這種雙重特質：夏娃是母親，莉莉絲則是魔鬼。莉莉絲總是被塑造成勾引他人、善嫉嗜殺的背叛角色。在《聖經》《以賽亞書》第 34 章，第 14 節中，她以沙漠惡魔的形象出現。在另一個傳說中，上帝用創造第一個男人的方式創造了莉莉絲。兩人於是開始爭吵，因為莉莉絲不願屈服於亞當，便選擇離開。上帝派遣三位天使帶她回來，告訴她如果不回來，每天她的一個孩子就會死去。莉莉絲狂妄地拒絕，發誓要傷害所有的嬰兒作為報復。情歌對女性的這種雙重面向也有所著墨，不只強調女性如天使般的本性，也呈現了她們虛偽的一面，不願屈服於男性。這樣的傳統至今仍存在於流行歌曲中，貓王艾維斯（Elvis）的歌曲即是一例。

　　總而言之，情歌是音樂史上首次出現的愛情民謠，在中古時期流行的程度就像我們今天的流行歌曲。愛和性，

以及幽會和對女性的讚頌，都在中古時期風靡一時。這些
主題全都與接吻相關，若沒有了吻，它們便會喪失意義。
雖然有些情歌的押韻比較簡單直白，但寓意深遠、格式嚴
謹之作亦所在多有，只是對現代人而言，這些歌曲多了些
矯揉造作的味道。情歌後來被較為複雜的民謠（*balada*）
取代。*Balada* 在普羅旺斯語中指的是「可跟著跳舞的歌
曲」，與英文的 ballad 同義。它將情詩與舞蹈用一種饒富
音樂興味的方式連結。民謠是敘說劇情曲折的故事的歌
曲，大部分的民謠是民歌或民間音樂的仿作。雖然這種
「可跟著跳舞的歌曲」有其歷史淵源，但它在中古時期所
呈現的型態，和它的整體意義有很大的不同。民謠描寫愛
情的純潔和力量，也偶爾提到情人的小缺點。通常會有一
個人唱著故事，舞者則在副歌處加入演出。18 世紀時，
作家開始對他們聽過的民謠產生興趣，許多浪漫時期的詩
人採用民謠的形式，將其傳承給今日的詩人和作曲家。

重唱歌曲

在文藝復興時期的義大利，情歌分支出另一種音樂類
型，稱為重唱歌曲（*madrigal*），保留由吟遊詩人開始的
「歌詠愛情」的傳統。重唱歌曲是一種音樂形式，由兩個

或以上的聲部合唱，同時演唱不同旋律、相同歌詞，每個
聲部有一個聲音，樂器伴奏可有可無。情歌的獨唱者是現
代民謠歌手（crooner）的先驅，而重唱歌曲中的歌手，則
是流行團體的始祖，如米爾斯兄弟（the Mills Brothers）、
安德魯姊妹（the Andrews Sisters）、五黑寶合唱團（the
Platters）和漂流者合唱團（the Drifters）等。重唱歌曲同
時受到貴族和百姓的青睞，表示隨著流行文化的盛行，社
會界線逐漸瓦解。重唱歌曲在義大利各地的廣場上演出，
開啟歐洲露天音樂演奏的先例[9]。

　　「重唱」一詞可以用來指兩種類型的歌曲。第一種
在 1300 年代早期出現，內容多描寫田園愛情；第二種在
1500 年代早期開始流行，風格比較嚴肅，逐漸發展成經
典重唱歌曲，成為古典音樂的前身。到了 1600 年代早期，
重唱歌曲在歐洲已經不復流行，但在流行音樂的演進過程
中留下痕跡，包括當代許多名稱迥異的音樂類別，如理髮
店四重唱（barbershop quartet）和其他多種無樂器伴奏的
合唱。這些歌曲的內容訴說未能實現的愛情，和鄉村音樂

9　關於重唱歌曲全面性的探討，請參照Alfred Einstein, *The Italian
　　Madrigal* (Princeton: Princeton University Press, 1949); Iain Fenlon
　　and James Haar, *The Italian Madrigal in the 16th Century: Sources and
　　Interpretation* (Cambridge: Cambridge University Press, 1988)。

中的「哀傷曲調」（hurtin' music）很類似。在喜劇《日本天皇》（*The Mikado*，1985）中，吉伯特（Gilbert）和蘇利文（Sullivan），透過歌曲 Brightly Dawns Our Wedding Day 和匆促（Rush）搖滾樂團的〈情歌〉（Madrigal，1977），復興了真正的重唱曲風。

最有成就的重唱作曲家是克勞迪奧・蒙特威爾第（Claudio Monteverdi，1567-1643），他的作品徹底改變了中古情歌和文藝復興重唱歌曲僵化的形式，轉而成為巴洛克音樂富於情感的風格，為古典音樂發展的開端。蒙特威爾第也是首位歌劇作曲家，他的重唱歌曲情感豐富且優美，帶動接下來兩世紀的美聲唱法（bel canto）運動，奠定了現代歌曲的旋律風格。美聲唱法旨在發出優美的聲音，甚至要好聽到可以自成曲調的程度。重唱歌曲和美聲唱法使吻成為求愛的關鍵。例如以下的這首重唱歌曲是由馬倫齊歐（Luca Marenzio）在 1570 年寫成，他是當時著名的重唱作曲家：

　　噢，快樂的世界中，每個人都與愛人同在，

　　走過一片片的草原，歡愉地想像

　　微酸的喜悅、甜蜜的哀愁，浪擲青春

　　這種日子沒有猜忌，人們自顧自地喋喋不休，

　　和他的她或跳舞或歌唱或玩耍。

　　接著像烏龜一般含情脈脈地接吻。

　　噢，美好的日子阿，古老的習俗阿！

　　如今世上只有滿滿的妒忌，

　　連無私善行也被當作不赦之惡。[10]

　　雖然翻譯這種情歌會遭遇各種困難，容易以現代觀點作出錯誤的詮釋，但值得注意的一點是，上述的歌詞內容和今天的流行情歌如出一轍，特別是關於愛情矛盾本質的描寫，以及排比的句型，如「微酸的喜悅」、「甜蜜的哀愁」、「滿滿的妒忌」。戀人「含情接吻」的時候，愛達到了頂峰，產生如「美好的日子」和「古老的習俗」等潛意識中的意象，間接描寫吻能超越時空限制的特質。

詠嘆調

　　在情歌和重唱歌曲後發展出來的便是詠嘆調（aria），

10　Thomas Oliphant, *La musa madrigalesca* (London: Calkin and Budd, 1837), p. 60。針對馬倫齊歐音樂的研究，請參照James Chatter, *Luca Marenzio and the Italian Madrigal, 1577–1593* (Ann Arbor: University of Michigan Press, 1981)。

這種獨唱曲式在歌劇中表達了角色的想法和情感。歌劇這種音樂類別預示了當代流行樂的興起，以迎合廣大聽眾的喜好為創作宗旨。有些詠嘆調是針對兩個或以上的歌者所寫，刻意凸顯歌者的演唱能力。在 19 世紀晚期，理察‧華格納差點就把詠嘆調淘汰掉，希望能在他的音樂劇中加入流暢的音樂，讓人聲可以像樂器一樣。對華格納而言，詠嘆調與不斷變動的流行音樂風格關係過於密切，他希望為音樂而創作音樂，回到藝術的初衷。在他的著作《藝術與政治》（*Art and Politics*）中，華格納表示對流行音樂文化相當厭煩，批評當時的德國，竟從廉價的劇場、庸俗的歌曲、外來藝術的拙劣模仿中得到快樂[11]。華格納以音樂之父巴哈（Johann Sebastian Bach）為其先驅，試圖說服當代的人們：真正的音樂不只是簡單的旋律而已；它的優劣塑造了一個文化的命運。然而華格納無法擋下時代的潮流，也無法阻止以歌詞、詠嘆調為核心的歌劇在歐洲各大音樂廳中復甦。時至今日，歌劇仍擁有許多瘋狂的愛好者。

歌劇首先在文藝復興時期的佛羅倫斯廣受歡迎、蓬勃發展。卡契尼（Giulio Caccini）和佩里（Jacopo Peri）這兩

---

11 Richard Wagner, *Art and Politics*, trans. William A. Ellis (Lincoln: University of Nebraska Press, 1995).

位佛羅倫斯的音樂家在 1597 年寫了《達芙妮》（*Dafne*）。
這造就了卡麥拉塔會社（*Camerata*），此社由一群貴族、
音樂家和詩人組成，他們對古希臘文化有濃厚的興趣，對
希臘戲劇更是情有獨鍾。他們認為希臘人常常一起唱歌，
而非朗讀悲劇。因此他們希望用自己的音樂再現悲劇中
的精神。起初，他們稱自己的作品為音樂劇（*dramma per
musica*）或是歌劇（*opera in musica*）。Opera 這個詞便是
後者的簡稱。從那時起，歌劇在義大利迅速竄紅。到 17
世紀末為止，義大利的歌劇一直都集中在威尼斯，其他較
主要的城市還有羅馬和那布勒斯。在這個時期，詠嘆調和
宣敘調（recitativo）有了明顯的區別。宣敘調用於劇情的
鋪陳和對話中。此外巴洛克歌劇將詠嘆調當作炫目的招
牌，威尼斯和羅馬觀眾熱愛這種新的曲風，因為這樣的歌
曲平易近人，讓任何人在劇院外都能哼唱。芭蕾隨著這種
樂曲形式加入了歌劇，但通常不涉入劇情內容，而是作為
幕與幕之間的轉場表演。

　　整個 17 世紀，強調旋律優美的義大利詠嘆調風格流
傳歐洲各地。詠嘆調在法國以外的地區開始造成影響。
當時有位生於義大利的作曲家尚・巴蒂斯特・盧利（Jean
Baptiste Lully，1632-1687）成立了法國歌劇學院。盧利背
後的金主是路易十四，因此他的歌劇都是為了傳達法國宮

廷的繁華盛況而作，運用了大量的合唱及樂器。盧利也運
用了比義大利作曲家更多的芭蕾。他的劇本則根據經典法
國悲劇寫成。到了 18 世紀，所謂西方音樂的古典時期，
歌劇已經成為整個歐洲主要的藝術形式。然而，大部分的
歌劇到後來都變得僵化而流於形式，總是換湯不換藥，由
一系列優美的詠嘆調串聯而成。歌者是否擁有美麗的嗓音
和高超的演唱技巧，比是否會演戲或傳達藝術美感來得重
要。

　　一些 18 世紀的作曲家希望能改變這種狀況，試圖
發展其他形式的詠嘆調，讓合唱及和樂器能有更多的
發揮。將歌劇轉型為嚴謹的藝術形式的作曲家是莫札
特（Wolfgang Amadeus Mozart）。他在 1768 年，十二
歲的時候寫了第一部歌劇《善意的謊言》（*La finta
semplice*）。他的三部義大利文巨著：1786 年的《費加洛
的婚禮》（*Le nozze di Figaro*）、1787 年的《唐·喬凡尼》
（*Don Giovanni*）和 1790 年的《女人皆如此》（*Così fan
tutte*），都展現了他的音樂天分。他也在《唐·喬凡尼》中，
創造了唐璜這個史上最浪漫的角色。莫札特的德文喜歌劇
（*Singspiels*）範圍很廣，有 1782 年創作的《後宮誘逃》（*The
Abduction from the Seraglio*）等純喜劇，也有 1791 年創作的
《魔笛》（*The Magic Flute*）等精神層次較高的歌劇。

　　歌劇持續流行於各地，因為它的主題能引起大眾的共鳴，而非只有行家貴族能夠聽懂。劇中總是充滿著愛情、命運和背叛。19 世紀，巴黎成為了法式大歌劇（grand opera）的中心，結合了奢華的舞台場面、戲劇、芭蕾和音樂。法式大歌劇大部分由定居法國的外國作曲家所寫，這明顯地增加了歌劇受歡迎的程度。這種風格在許多作曲家手中發揮得出神入化。賈科莫・梅耶貝爾（Giacomo Meyerbeer）、埃克托・白遼士（Hector Berlioz）、夏爾・古諾（Charles Gounod）和理察・華格納等反對詠嘆調的作曲家使主旋律中的技巧更加細緻，主旋律是管弦樂團在整齣歌劇中不斷重複詮釋的主題，旨在描述某個特定角色，或闡明某種想法或概念；主旋律通常也表現出戲劇的心理層面。華格納運用自己在作曲和演出方面的創新，對世界各地的音樂家造成深遠的影響。然而他全新的歌劇風格並沒有造成威爾第（Verdi）、羅西尼（Rossini）、貝里尼（Bellini）等美聲唱法作曲家的沒落。他們在今天受歡迎的程度並不亞於當時。

　　美聲唱法強調優美的旋律、豐富的情感和獨特的發聲技巧。羅西尼創作了許多著名的喜歌劇，如 1816 年的《塞維利亞的理髮師》（*Il Barbiere di Siviglia*）和 1817 年的《灰姑娘》（*La Cenerentola*），將美聲唱法融入歌劇。

美聲唱法的核心就是愛情詠嘆調，一種用來喚起純愛情感、旋律和樂音的歌曲，承襲情歌以及傳統的宮廷戀愛。這種風格運用得最多的是朱塞佩‧威爾第，他的早期劇作有 1842 年的《拿布果》（*Nabucco*）、1844 年的《爾納尼》（*Ernani*）和《弄臣》（*Rigoletto*）、1859 年的《遊唱詩人》（*Il Trovatore*）和 1862 年的《命運之力》（*La Forza del destino*）。它們都是相當常見的歌劇曲目，可見一般大眾仍十分喜愛充滿通俗劇風格的、以美聲唱法詮釋的情歌。他 1871 年的歌劇《阿伊達》（*Aida*）是一場華麗的視覺和音樂饗宴，體現了今日大眾對歌劇的印象。

歌劇自起源以來便藐視道德現狀，除了相對嚴肅的旁白以外，舞台上的熱舞、淫亂的劇情和各種糾纏的愛情關係才是戲劇的重點。接吻被認為是不道德的行為，直到 1800 年代中期才登上舞台，如法國作曲家比才（George Bizet）1875 年的《卡門》（*Carmen*），用寫實手法在舞台上呈現自由戀愛的戲碼。這樣的風格流傳到義大利被稱為寫實主義（verismo），verismo 在希臘文中是「真實」的意思。寫實歌劇中年代最早的兩個例子是馬斯卡尼（Pietro Mascagni）1890 年的《鄉間騎士》（*Cavalleria rusticana*）和魯傑羅‧萊翁卡瓦洛（Ruggero Leoncavallo）1892 年的《丑角》（*Pagliacci*）。這些都是簡短但戲劇性

強的音樂劇，和愛情、背叛、衝動以及陽光普照的義大
利村莊裡的謀殺案有關，因此在節目清單中常被歸為一
類。然而，最重要的寫實主義者，以及威爾第真正的繼
承者是賈科莫・普契尼（Giacomo Puccini），他寫了許多
廣為人知、容易演唱的歌劇，如 1893 年的《瑪儂・列斯
果》（*Manon Lescaut*）、1896 年的《波西米亞人》（*La
Bohème*）、1900 年的《托斯卡》（*Tosca*）、1904 年的《蝴
蝶夫人》（*Madama Butterfly*），以及未完成的《杜蘭朵公
主》（*Turandot*），在他逝世後於 1926 年首次搬上舞台。
在普契尼的作品中，吻不只是愛的表現，而代表著令人揪
心的熱情，最後導致了悲劇。我們能透過他的歌劇，回顧
吻的歷史中各式各樣的主題。我們也可以在捷克作曲家史
麥坦納（Bedrich Smetana）1876 年的《吻》（*The Kiss*）中
看見相同的歷史寓意，該劇強調吻的力量能塑造人事和人
的命運。《吻》根據史維特拉（Kaorlina Svetlá）的小說改
編而成，全劇的高潮在於兩個即將結婚的戀人獨處時，男
人試圖親吻女人的那一幕。她拒絕了他，並拒絕在結婚前
與他接吻。男人於是離開她到了外面，厚臉皮地和村中其
他女人跳舞、調情、接吻。未婚妻感到憤怒受辱，揚言要
離家出走。最後，一切都得到原諒，兩個相愛的人也終於
接吻。這個吻，是這部歌劇中的主角，是劇中行為和人類

生活背後的催化劑。

　　吻是生命中，或更常是在死亡中，將兩位戀人繫在一起的力量。例如在普契尼的《杜蘭朵公主》中，男高音詠嘆調〈公主徹夜未眠〉（*Nessun dorma*）訴說卡拉富愛上杜蘭朵公主，宣示在吻了她之後，她將成為他的唯一：「我的吻會化解寂靜，使你變成我的！（*Ed il mio bacio scioglierá il silenzio che ti fa mia!*）」

　　在 20 世紀，爵士樂和美國流行音樂影響了一些重要歌劇，如喬治・蓋希文（George Gershwin）的《乞丐與蕩婦》（*Porgy and Bess*，1935）、尤金・奧曼迪（Virgil Thompson）的《四聖徒三幕劇》（*Four Saints in Three Acts*）和《祂是我們的母》（*The Mother of Us All*，1947）以及布利茨坦（Marc Blitzstein）的《女王》（*Regina*，1949）。

　　英國作曲家威廉斯（Ralph Vaughn Williams）的《毒吻》（*The Poison Kiss*，1929）是齣近似於史麥坦納作品的二十世紀歌劇，強調吻的力量及其改變人心的象徵意義，其劇本是根據李察・加耐特（Richard Garnett）的《毒婦》（*The Poison Maid*，1903）和納撒尼爾・霍桑（Nathaniel Hawthorne）的《拉帕其尼的女兒》（*Rappaccini's Daughter*，1844）改編而來。這部歌劇是齣浪漫喜劇，重

點在於真愛而非報復，令人想起過去的騎士文學。劇中訴說兩個親密愛人被女方家人拆散，女方後來成為女皇，被迫嫁給門當戶對的對象。男方則成了巫師，計畫報復過往情人，卻不知道女方被迫嫁給其他人。他用毒藥將自己的女兒養大，任何男子與她接吻都會立刻中毒身亡。他想讓女皇的兒子成為下一個受害者。最後真相大白，所有人從此過著幸福快樂的日子。劇中的弦外之音，或許是單戀的吻能在形體之上殺害一個人，而真愛之吻可以讓一個人起死回生。

到了今天，歌劇繼續蓬勃發展，吸引廣大的聽眾。奇怪的是，現代人去聽歌劇，不是為了與歌者互動、跟著他們一起唱、抒發自己的快樂或不悅（就像我們今天去聽搖滾演唱會一樣），而是為了欣賞這種藝術形式本身，這點和 19 世紀的聽眾大相逕庭。顯然歌劇的功能及社會對它的理解已經改變。然而，要是沒有歌劇和情歌等宮廷愛情的先驅，恐怕今天就不會有流行音樂了。很多音樂史學家將現在流行樂的源頭追溯到 18 世紀晚期的美國，當時的職業音樂家創作好聽好記的音樂，通常會在星期天的下午，到公園裡演唱給一大群的民眾聽。到了 19 世紀初，歌劇開始盛行，促成了一種以低聲吟唱、溫柔而流暢的感傷歌曲，稱為 crooning（低聲吟唱之意），也掀起了一陣

流行。Crooning 和其他流行風格開始大受歡迎，造就了蓬勃發展的音樂市場，聚集在紐約曼哈頓下城區的錫盤街（Tin Pan Alley）。第一首錫盤街的歌曲是哈理斯（Charles K. Harris）的〈舞會之後〉（After the Ball，1892），熱銷了一百萬張。錫盤街是流行音樂史上的第一章，即便如此，它無疑扎根於重唱歌曲、詠嘆調、情歌和其他更早的音樂類別[12]。根據藍尼．凱（Lenny Kaye）的觀察，平．克勞斯貝（Bing Crosby）1931 年上美國 CBS 廣播公司演唱時風靡全國，使 crooning 從此成為現代音樂的一部分[13]。藉著他淡淡的性感魅力、有些冷酷的風格和有型的頭髮，這位吟唱歌手為美國音樂帶來新的元素，如同任何一位歐洲歌劇巨星一樣溫和誘人，給人青春洋溢之感。嶄新形式的宮廷愛情於是來到這片原屬於拓荒者的土地上。吟唱歌手至今仍相當活躍，受歡迎的程度有增無減。

---

12 以下文獻皆探討錫盤街在流行音樂的演進中扮演的角色：Isaac Goldberg, *Tin Pan Alley: A Chronicle of American Music* (New York: Frederick Ungar, 1930); David A. Jasen, *Tin Pan Alley: The Composers, the Songs, the Performers and Their Times* (New York: Primus, 1988); Nicholas E. Tawa, *The Way to Tin Pan Alley: American Popular Song, 1866–1910* (New York: Schirmer Books, 1990)。

13 Lenny Kaye, *You Call It Madness: The Sensuous Song of the Croon* (New York: Villiard, 2004).

在 2000 年早期，歌劇表演出現了些有趣的改變——歌劇流行音樂（*operatic pop* 或 *popopera*）的興起，它是一種新的音樂類別，模仿美聲唱法的歌劇詠嘆調，或加入節奏、管弦樂編曲等等的現代元素。美聲男伶（Il Divo）和亞米奇（Amici Forever）的表演融合了現代流行音樂與歌劇風格，讓歌劇流行音樂廣受歡迎。它用獨特的方式復興了新甜美風格，強調吻能通往潛意識中的愛戀，而這種愛戀透過接吻便能被喚醒，如美聲男伶的《過去某時》（Somewhere in My Past）裡唱道，只要一個吻，就能讓他知道誰是他永遠的愛人。

流行民謠

當代民謠多和初吻、分手、心碎、背叛及熱情有關。雖然當今的流行音樂通常偏向露骨的肉體之愛，但宮廷愛情的傳統明顯存續了下來。故事的背後總是有吻的力量，給了愛情生命（不論這樣的結果是否令人滿意）。流行民謠是重唱歌曲的延續，兩者間曲調和歌詞的詩意內容有緊密的關聯。從咆嘯的二〇年代的慢爵士樂，到 1930 和 1940 年代的搖擺樂、1950 年代的搖滾民謠、1990 年代的抒情嘻哈樂，再到 2000 年代的歌手艾莉西亞·凱斯（Alicia

Keys）和愛黛兒（Adele），流行音樂一直都吸引了廣大的
聽眾，因為歌曲內容與人們密切相關。最深得人心的音樂
就像五黑寶合唱團（Platters）和漂流者合唱團（Drifters）
那樣，與宮廷愛情時期流行的曲子一樣被視為「神曲」，
是聽了就忘不了的洗腦歌[14]。

　　流行民謠是由什麼組成的？它和過去的情歌相同，
有三種基本元素。第一，歌詞大都是關於愛情改變人心的
力量，抑或相反地，單戀帶給我們的混亂和悲傷。許多流
行民謠都在描寫一個簡單的吻，如何永遠地改變人生。第
二，流行民謠的樂音溫柔和諧，與歌詞相輔相成。第三，
演唱者的選擇方面，通常由能夠唱出曲中渴望和傷痛的歌
手演唱。優秀的當代愛情民謠都擁有以上的特徵，如五黑
寶合唱團的〈只有你〉（Only You and You Alone，1954）
和漂流者合唱團的〈為我留下最後一支舞〉（Save the Last

---

14 關於流行歌曲的興起及其對於大眾文化的影響力，請參閱 Ted
Greenwald, *Rock & Roll* (New York: Friedman, 1992); David P. Szatmary,
A Time to Rock: A Social History of Rock 'n' Roll (New York: Schirmer
Books, 1996); Mark Gavreau Judge, *If It Ain't Got that Swing: The Rebirth
of Grown-Up Culture* (New York: Spence, 2000); Cheryl L. Keyes, *Rap
Music and Street Consciousness* (Urbana: University of Illinois Press, 2002);
Peter Blecha, *Taboo Tunes: A History of Banned & Censored Songs* (San
Francisco: Backbeat, 2004); Simon Frith, *Popular Music: Critical Concepts
in Media and Cultural Studies* (London: Routledge, 2004)。

Dance for Me，1960）。這些歌曲不斷成為電影或廣告配樂。〈只有你〉在 1955 年 7 月發行，一瞬之間躍升為音樂排行榜上的主打歌曲。許多歌手都翻唱過這首歌，做了許多不同的編排，最近的一次在戴安娜‧羅斯（Diana Ross）2007 年的專輯中出現，曲名是〈我愛你〉（I Love You），相當簡潔有力。這可說是首神曲，以遊唱詩人的口吻說著：「只有你，可以讓這個世界更美好」，也只有真正的愛人能夠使人們心中「充滿意義」，進而「改變」他。這首歌把相愛視為「命運」，一種「夢想成真」，和新甜美風格如出一轍，旋律中運用的無疑是美聲唱法風格。五黑寶合唱團大部分的歌曲都與愛情有關，如：〈大騙子〉（The Great Pretender，1955）、〈魔幻之觸〉（The Magic Touch，1956）、〈我的祈禱〉（My Prayer，1956）、〈我的夢想〉（My Dream，1957）、〈煙霧迷濛你的眼〉（Smoke Gets in Your Eyes，1958）、〈港灣之燈〉（Harbor Lights，1960）等等。

　　漂流者樂團大約和五黑寶合唱團同時進到流行音樂界，〈為我留下最後一支舞〉描述愛情中時時有遭到背叛的威脅，該曲在 1960 年由班伊金（Ben E. King）和漂流者樂團聯合錄製，發行後隨即衝上排行榜第一，成為最暢銷的流行音樂專輯。〈最後一支舞〉被許多歌手翻唱，也

在許多電影原聲帶和電視節目中出現。歌者懇求女友，就
算她在舞會中想和其他人調情，也要為他「留下最後一支
舞」。原因顯然是他全心全意地愛著她，一如宮廷愛情的
傳統，提醒她要記得最後「帶她回家」的人是誰。這首歌
以小提琴和基本的民謠節奏伴奏，旋律扣人心弦，就像歌
詞中說的一樣，「讓我們無法放開」。

愛情民謠的力量源自愛情的發展史，這是一段開放性
的過程，亦即愛情自然而然發生，而非透過社會習俗強加
於人，而吻一直都是愛情的催化劑。文藝復興時期的英國
詩人赫里克（Robert Herrick）用相當自由的方式翻譯了以
下這首重唱風格的詩句，道出了這一切，原文是卡圖盧斯
（Catullus）關於吻的一首詩：

給我一個吻，吻一下得一分；
吻了二十下，再加一百分；
一百下得一千分；沒有理由不繼續，
讓千變成萬；
再讓萬成了三萬，待我們完成這一切時
就讓我們從頭再來，一如初吻。[15]

今天和過去不同的地方在於，女性也可以是吟遊詩人。在歌劇詠嘆調的傳統中，女性是愛情的主導者，也是充滿詩意的傳情者。以辛蒂‧羅波（Cyndi Lauper）的〈我會吻你〉（I'll Kiss You，1984）為例，歌曲對吻有狂熱的癡迷，如同任何一部歌劇作品，將愛情神聖化。吻讓她能「困住」她的男人，讓他無法逃開。

古典希臘時期的哲學家相信，音樂起源自阿波羅（Apollo）和奧菲斯（Orpheus）兩位希臘神，反映出掌管宇宙和諧的數學公式。哲學家也相信音樂影響人類的思考與行為，因為每個旋律都有其情緒特質，能由聽眾直接感受。弗格森（Kitty Ferguson）和其他學者主張，這一切都從畢達哥拉斯（Pythagoras）開始[16]。畢達哥拉斯在思考為何某些弦的長度能製造美妙的聲音，有的卻不和諧時，發現了和聲的比率。同樣地，在一些非洲部落中，他們認為音樂是區分人類和動物的一種才能。在印地安社會裡，音

15　Robert Herrick, *Hesperides* (McMinnville, OR: Phillip J. Pirages Rare Books, 1648).

16　Kitty Ferguson, *The Music of Pythagoras: How an Ancient Brotherhood Cracked the Code of the Universe and Lit the Path from Antiquity to Outer Space* (New York: Walker and Company, 2008)；亦可參閱Jamie James, *The Music of the Spheres: Music, Science, and the Natural Order of the Universe* (New York: Springer, 1993)。

樂是人類和靈魂溝通的方式。而在所有的社會中，音樂都是愛情的語言。就算稍微改變節奏，你仍能得到同一種代表愛情、浪漫及誘惑的世界共通語言。

羅波的曲子暗示吻不只是通往愛情的途徑，更是種執念。我們前前後後，迂迂迴迴地試探，毫不畏懼可能造成的後果。吻已成為一種固著（fixation），指出今天的我們或許比歷史上任何一個時刻都更需要愛情。以下幾首當代歌曲的名字清楚地表現出這樣的固著：

〈在吻上打造夢想〉（A Kiss To Build a Dream On）（路易·阿姆斯壯〔Louis Armstrong〕，1928 年）

〈吻甜於酒〉（Kisses Sweeter than Wine）（吉米·羅傑斯〔Jimmy Rodgers〕，1958 年）

〈吻我吧〉（Kiss Me Quick）（艾維斯·普利斯萊〔Elvis Presley〕，1962 年）

〈給他一個大大的吻〉（Give Him a Great Big Kiss）（香格里拉〔Shangrilas〕，1965 年）

〈抱我、撼動我、吻我〉（Hold Me, Thrill Me, Kiss Me）（梅爾·卡特〔Mel Carter〕，1965 年）

〈吻別〉（Kiss Me Goodbye）（佩托拉·克拉克〔Petula Clark〕，1968 年）

〈以吻封緘〉（Sealed with a Kiss）（蓋瑞・路易斯〔Gary Lewis〕和花花公子樂隊〔the Playboys〕，1972 年）

〈給她一個大大的吻〉（Give Her a Great Big Kiss）（紐約娃娃〔New York Dolls〕，1974 年）

〈接吻，說再見〉（Kiss and Say Goodbye）（凱特〔Kate〕與安娜麥可蓋瑞格〔Anna McGarrigle〕，1975 年）

〈接吻吧，少說廢話〉（Don't Talk, Just Kiss）（佛瑞德語錄〔Right Said Fred〕，1991 年）

〈吸吮我的吻〉（Suck My Kiss）（嗆辣紅椒合唱團〔The Red Hot Chili Peppers〕，1992 年）

〈擁抱我、撼動我、吻我、毀滅我〉（Hold Me, Thrill Me, Kiss Me, Kill Me）（U2 合唱團〔U2〕，1995 年）

〈就吻我吧〉（Haul Off and Kiss Me）（卡羅琳・艾肯〔Caroline Aiken〕，2005 年）

〈寶貝請讓我吻你〉（Baby Let Me Kiss You）（金・佛洛伊德〔King Floyd〕，2008 年）

整體來說，流行音樂類別來來去去，喜愛的族群主要是發行當時的聽眾。在所有的音樂類別當中，愛情民謠似乎未曾退流行，跨越了好幾個時期仍時有新作。〈只有你〉和〈最後一支舞〉等歌曲，至今仍吸引著許多聽眾，原因

很可能如吟遊詩人所深知的——無拘無束的愛擁有改變我
們的力量。不論風格，也不管是中古時期或是今日的線上
音樂，「愛的音樂」持續對人們造成深遠的影響，在不同
層面上與人們對話。

　　知名音樂哲學家狄奧多・阿多諾（Theodor Adorno）
告誡我們：真正的音樂藝術極易辨認，因為它能帶給我們
穿越時空的感動。反過來說，現代的流行音樂市場，幾
乎沒有什麼能夠歷久彌新[17]。音樂評論家格雷爾・馬可斯
（Greil Marcus）也有類似的看法，指出大部分的現代流
行音樂都會消逝，因為它只是「把一些好的想法集結在一
起，受到一時的流行、沒用的渣滓、糟透的品味和判斷、
人們易上當易操控的特性、不可思議的時刻和發明、單純
好玩、俗氣多餘、離經叛道甚至精神耗弱等成分影響，終
將煙消雲散」[18]。然而，儘管和阿多諾抱持同樣想法的批
評家如此不看好，愛情民謠卻以嶄新且不斷改變的新形式
保存了下來。這些評論家可能忘了，或是刻意忽視，威爾
第和羅西尼也把他們的歌劇刻意創作成平易近人、廣受歡

17　參見Theodor Adorno, *Beethoven: The Philosophy of Music; Fragments and Texts* (Cambridge: Polity Press, 1993)。

18　Greil Marcus, *Dead Elvis: A Chronicle of a Cultural Obsession* (New York: Anchor Books, 1991), p. 18.

迎的作品。當然，不管最新流行的音樂類別是什麼，它的
藝術水準很可能永遠追不上這些作曲家。但這樣的比較其
實毫無意義，因為流行音樂在意的不是美的傳承，而是大
眾的共同感受。無論如何，在流行音樂的範疇中，仍有許
多優美的作品，如阿多諾提到的那些。

　　當我們細細品味歌詞和現代流行民謠的音樂型態，就
會發現有些事情似乎從未改變。愛情仍是歌曲中最重要的
元素，而吻在戀愛過程中扮演越發重要的角色。情歌依舊
情感豐富，如 canso 時期大受歡迎。它們不可能從我們的
生活中消失，如果真的消失，我們的生活必會失去原來的
光彩。

第六章

電影中的吻

女演員的吻最令人不安，我們要怎樣知道她是真心
的，還是在演戲呢？

——露芙·高頓（Ruth Gordon，1896-1985）

有部 1988 年上映的電影叫《新天堂樂園》（*Cinema
Paradiso*）（義大利名 *Nuovo Cinema Paradiso*），由當時
正嶄露頭角的義大利導演朱塞佩·托納多雷（Giuseppe
Tornatore）拍攝，敘述電影如何塑造現代世界。那部片以
電影史上最令人心碎的畫面收尾。1950 年代，男主角多
多（Totò）還是個小男孩時，很喜歡到鎮上的電影院看電
影，或充當放映師艾費多（Alfredo）的小幫手。那座電影
院叫天堂樂園（Cinema Paradiso）。艾費多過世時留下了
一個小包裹給多多。多年後，多多成為一位知名導演，回
到他年少時候的小村莊，受到那些還記得他的人熱烈歡
迎。多多回到羅馬之後，在家打開包裹，裡頭全是電影裡

的接吻片段，這些片段在他年幼時，被一位和藹善良的神父禁止播放。這些畫面伴隨著顏尼歐‧莫利克奈（Ennio Morricone）感傷的音樂，訴說著艾費多的好以及他對多多的愛。吻在這裡成為一種懷舊的象徵，喚起那些幾被遺忘、單純美好的時光。

　　電影的力量很強大，或許是有史以來最具影響力的藝術媒介，融合了影像、聲音和敘事，而吻在電影的演進過程中也一直沒有缺席。愛迪生（Thomas Edison）在 1896 年製作了最早的電影之一《吻》（The Kiss）。全片只有 47 秒，呈現兩位百老匯演員瑪莉‧歐文（Mary Irwin）和約翰‧萊斯（John Rice）的熱吻畫面，取自舞台劇《寡婦瓊斯》（The Widow Jones）的最後一個場景。這個吻在 47 秒的畫面中占了 20 秒。兩位演員都到了可以退休的年紀，他們邊接吻邊說話。《吻》成為了早期的電影科技——維他放映機（Vitascope）時代最受歡迎的電影。那個吻顛覆性的象徵意義，宣告屬於大眾媒體的世界和大眾娛樂文化的到來，同時回顧近在眼前的過去。《吻》造成了一陣騷動，不管在哪裡播放，都有民眾打電話報警，要政府人員處罰一同觀看這種「猥褻畫面」的人。腦筋動得快的愛迪生則用以下這句有趣的標語來宣傳他的電影：「他們準備好要接吻，開始接吻，一直吻一直吻，每次都吻到房子好

像要塌下來一樣。」[1]雖然這乍聽之下有些噁心，還促成當時針對這種新媒體的審查制度，瑪莉・歐文和約翰・萊斯之間纏綿的吻，無疑是電影創新的開端，而這部電影一直都廣受歡迎。

接吻在現今的電影中也十分常見，就如同朱塞佩所深知的一樣，電影製作中如果沒有接吻和愛情，就像吃一塊無糖蛋糕一樣乏味。現今世代中最令人難以忘懷的吻，其實就來自電影中——這種媒體最能抓住現今大眾的想像。根據許多相關軼事，我們可以合理地認為眾人今天對吻的執著是從電影而來。《唐璜》（*Don Juan*，1926）中吻的數量在所有電影裡居冠，透露出早在 1920 年代，人們對吻就有很深的執著，且與日俱增。四十二歲的影星約翰・巴里摩（John Barrymore）飾演男主角唐璜。他是個自吹自擂的無賴，吻了劇中的兩個女主角，一位是埃斯特爾・泰勒（Estelle Taylor），飾演嫉妒的盧克雷齊亞・波吉亞（Lucretia Borgia）；另一位是 17 歲的瑪麗・阿斯特（Mary

---

1　引用於Laura Citron, *A Compendium of Kisses* (New York: Harlequin, 2011), p. 76。關於愛迪生的新科技造成的社會變遷，參見André Gaudreault and Germain Lacasse, "The Introduction of the Lumière Cinematograph in Canada," *Canadian Journal of Film Studies* 5 (1996): 112–123。

Astor），飾演單純虔誠的維尼斯（Varnese），他們總共接吻了 127 次。他也吻了其他女性角色 64 次，整部電影共有 191 個吻。電影史上最長的吻有 6 分多鐘，是 2005 年的電影《麻辣高校生》（*Kids of America*）在播映片尾演員名單時，古格里・史密斯（Gregory Smith）和史蒂芬尼・雪琳（Stephanie Sherrin）的吻。其他大銀幕上持續較久的吻有 1933 年寶萊塢（Bollywood）電影《輪迴》（*Karma*）中，蘭妮（Devika Rani）和瑞（Himanshu Rai）的吻，持續了 4 分鐘。此外還有 1941 年的電影《金牌天兵》（*You're in the Army Now*）裡，珍・惠曼（Jane Wyman）和雷吉斯・托米（Regis Toomey）3 分 5 秒的吻。亞佛烈德・希區考克（Alfred Hitchcock）的電影《美人記》（*Notorious*）中英格麗・褒曼（Ingrid Bergman）和卡萊・葛倫（Cary Grant）的吻，「整體來說」該是有史以來最長的吻。然而，這對情侶必須把吻切成許多片段，才不會遭到禁播，因為在那個年代，電影審查制度規定，片中的吻不得超過三秒鐘。在這部電影中，兩個人吻了又分開，磨磨鼻子，在對方的嘴邊說話，然後再度接吻三秒鐘，不斷重複著這個過程。

　　讓銀幕上的吻如此令人難忘的關鍵，是吻發生的情境與過程，和當下的熱情、尷尬、突兀所引發的對性愛的期

待。《亂世佳人》（*Gone with the Wind*）、《北非諜影》（*Casablanca*）、《亂世忠魂》（*From Here to Eternity*）、《第凡內早餐》（*Breakfast at Tiffany's*）、《開放的美國學府》（*Fast Times at Ridgemont High*）、《軍官與紳士》（*An Officer and a Gentleman*）、《證人》（*Witness*）和《超人》（*Superman*）等電影，都把吻當作一種執念，讓每個人對影像中吻的象徵力量產生共鳴。法國導演尚盧·高達（Jean-Luc Godard）曾經寫到：「電影只需要一把槍和一個女人。」[2] 暗指吸引電影觀眾的內容一直都是色情和暴力。然而，這種藝術型態卻能反映這個世界。已故瑞典導演英格瑪·柏格曼（Ingmar Bergman）在 1991 年於倫敦進行的訪談中提到：「沒有任何藝術比電影更深得我們的心，直搗我們的情感，直至靈魂深處的暗房。」[3]

　　大銀幕上的吻一直都和性慾的表現密切相關。這在 1979 的電影《吸血鬼》（*Nosferatu*）中巧妙地呈現（翻拍自 1922 年的舊版本）。該片改編自伯蘭·史杜克（Bram Stoker）的小說《德古拉》（*Dracula*）。翻拍後的電影改名為《吸血鬼》，由備受爭議的導演韋納·荷索（Werner

2　Jean-Luc Godard, *Projections* (London: Faber and Faber, 1992), p. 8.

3　John Berger, *Sense of Sight* (New York: Vintage, 1993), p. 12.

Herzog）所執導。利牙尖耳的德古拉（克勞斯‧金斯基〔Klaus Kinski〕飾）飽受折磨，試圖強暴露西（Lucy Harker）（伊莎貝爾‧艾珍妮〔Isabelle Adjani〕飾）。德古拉尾隨露西到她的房間，他駭人、扭曲的影子出現在她的前方。他看著鏡子裡目瞪口呆的露西，用低沉誘惑的語調宣告：「原諒我貿然闖入，我是德古拉公爵，來我的身邊成為我的伴侶吧，無愛相伴是世上最不幸的痛苦。」貞潔單純的露西拒絕了他，後來卻穿上白色禮服，心甘情願地將自己獻給了他。在那個場景裡，她一動也不動地躺在那裡，等待著他的「吻」。他用細長的手指撫摸著她的胸部，慢慢地彎下身咬進她的頸子吸血。這是個充滿危機感的情色畫面，讓我們覺得自己似乎也受到脅迫，直到早晨的陽光從窗子照進來，封印了公爵的命運。

　　根據提摩西‧奈特（Timothy Knight）的觀察，電影中的接吻畫面，比任何一種畫面都來的刺激，因為我們會用一種宣洩的方式來看待這個片刻——兩位戀人最後終能熱情擁吻。在這些傳奇般的愛情畫面裡，所有的挑起情緒的成分一字排開，製造出一個令人垂涎、期待的片刻，使我們「血脈賁張」[4]。而根據哈里斯（Harris）、山伯恩（Sanborn）、史考特（Scott）、多德斯（Dodds）和勃蘭登堡（Brandenberg）2004 年的研究指出，和接吻相關的

畫面對男性和女性造成的影響一樣強烈[5]。研究人員設計了兩個自傳型的記憶研究，讓男女在約會時一起看愛情電影，從其中評估記憶及社會經驗。在兩個實驗中，受試者大多是來自中產階級的白種青年，他們的任務是回顧看電影的經驗，並評估他們對電影裡的性別角色的觀察。受試者必須報告他們和誰一起看電影、是誰選擇這部電影，以及觀影過程中的情緒。最後，受試者要挑選他們喜歡的場景，以及希望自己和約會對象在這個場景中「扮演」的角色。結論是電影多半是由女性挑選，女性也比男性更喜歡看愛情電影。但不論常見的刻板印象為何，男性給了約會時觀看的愛情電影不低的評價。研究顯示，女性低估了男性出現在浪漫情境中的意願。

早期電影中的吻

如我們在前面提到的，在安迪・沃荷 1963 年的前衛

4　Timothy Knight, *Great Kisses and Famous Lines Right Out of the Movies* (New York: It Books, 2008).

5　Richard J. Harris, Fred W. Sanborn, Christina L. Scott, Laura A. Dodds, and Jason D. Brandenberg, "Autobiographical Memories for Seeing Romantic Movies on a Date: Romance Is Not Just for Women," *Media Psychology 6* (2004): 257–284.

電影《吻》中，除了一連串情侶接吻的特寫鏡頭外，什麼都沒有。這部電影和愛迪生的短片相比，可說是換湯不換藥，把重點放在對吻的執著，並將它視為一種代表性慾、愛情和人性弱點的行為。這兩部電影中沒有任何主要或附屬劇情，而是強調吻的情緒、力量和動作本身；兩部電影都是以吻為主角的紀錄片。沃荷的電影片長 54 分鐘，是許多三分鐘的情侶熱吻短片剪輯而成。影片中有些接吻者的性別不明，更加深了吻具顛覆性的象徵意義。這部影片到很後來才得到媒體的關注，成為一部受歡迎的經典電影。

　　愛迪生和沃荷的電影都是特例。電影中的吻，通常都只是愛情故事的一部分。電影中的吻比小說中的吻來得有力，是因為它能把畫面活生生地呈現在大銀幕上讓大家觀看，而不只是文字敘述而已。電影中的吻也和畫作或雕塑中的吻不同——我們能看見接吻的完整過程。它們因此充滿戲劇性，深刻地影響我們。在所有傳遞吻的媒介中，電影最為重要，在整個社會抑或世界之中散播吻的象徵意義。好萊塢取代了畫家、雕刻家和攝影師，向我們描摹吻的力量。它把傳奇性的吻、苦命鴛鴦，或偷情戀人的種種搬上銀幕，詮釋得栩栩如生。這在某方面而言，讓接吻的「藝術」更加完美，告訴大眾接吻看起來是什麼樣子、該

如何進行、它的社會和個人意義又是什麼。吻可以充滿熱情、絕望、溫柔、敏感、誘惑、勾引、情色、刺激、可笑、諷刺、悲劇和顛覆性；它在大螢幕上總是耐人尋味。畫面中的愛人渴望著彼此，將自己的欲望融合成吻，把吻的誘惑和吸引力帶到我們眼前，深刻地影響著我們。

最早的五位電影明星都曾在大銀幕上接吻。義大利演員魯道夫・瓦倫蒂諾（Rudolph Valentino）被認為是銀幕情人的原型，在 1920 年代受到女性粉絲瘋狂的崇拜。他在出演弗烈德・尼布洛（Fred Niblo）的電影《啟示錄四騎士》（*The Four Horsemen of the Apocalypse*，1921）中的接吻畫面之後一炮而紅。在這之前，他飾演的多是老奸巨猾的惡霸。他受歡迎的程度在《沙漠情酋》（*The Sheik*，1921）上映時達到了最高峰。他在片中扮演一個浪漫如火的角色，有著一雙炯炯有神的深邃眼睛。他為上百萬女性所迷戀，有的看到他接吻的畫面時會暈眩，甚至直接在觀眾席昏倒。《沙漠情酋》中的吻又被稱為「探戈之吻」（tango kiss），因為這個吻是男女主角在一間阿根廷小酒吧跳探戈舞時發生。這個持續許久的場景融合了浪漫熱情的舞蹈和欲望。艾米莉・雷德（Emily Leider）認為，瓦倫蒂諾成為現代的阿多尼斯（Adonis）不是因為他帥氣的臉龐，而是因為他的「中性」，在電影發展的早期，成了激

烈衝突的避雷針[6]。媒體斥罵他過於陰柔，但他又能讓整
個畫面充滿誘惑，是個充滿野性又深具性感魅力的戀人。
瓦倫蒂諾是史上第一個「銀幕情人」，讓美國人重新定義
「男子氣概」，拓展了它的範疇。較文雅的男性最終勝過
當下根深柢固的想法──男性應該肌肉結實而狂野，如當
時牛仔和犯罪電影中的角色。

在女性方面，瑞典裔美籍演員葛麗泰・嘉寶（Greta
Garbo）是好萊塢的第一位「蛇蠍美人」，因為早期電影
《靈與肉》（ *Flesh and the Devil* ，1927）中華麗的接吻畫
面而贏得這個稱號。她的接吻對象是約翰・吉爾伯特（John
Gilbert），而他們在銀幕前的戀情似乎轉移到幕後，在三
個真實（而非假裝）的激情畫面中，呈現早期電影史上第
一個張開嘴巴的吻，讓觀眾看得目瞪口呆。這些接吻畫面
的拍攝技巧精湛，光線也十分自然。鏡頭緩緩拉近到雙唇
上，再特寫嘉寶臉上誘惑的表情。這些吻都是「真的」，
因為她是吉爾伯特現實生活中的情婦。兩個演員之間的感
覺對了，電影中的吻才能拍得成功。如果感覺不對，那
接吻畫面就達不到預期效果。接吻畫面拍得好，不管劇

---

6   Emily W. Leider, *Dark Lover: The Life and Death of Rudolph Valentino*
    (New York: Farrar, Straus and Giroux, 2003).

情多爛，觀眾都會深受吸引。嘉寶那部電影的劇情奇糟無比，但那個吻卻使它充滿意義。大衛・貝爾德（David Baird）寫道：電影中的夢幻情景常常延伸到演員的現實生活中[7]。攝影機捕捉到的接吻畫面，不管是事先排練，或是現場即興演出的，都令人為之傾倒。要求兩個演員在大銀幕上接吻，其實就是要他們談戀愛，即便他們知道這只是演戲。虛幻和現實之間堅不可摧的界線，隨著電影中的吻消失了。

如我們所能預期的，嘉寶的其他電影也以不同形式呈現浪漫愛情，例如《禍水紅顏》（*The Temptress*，1926）、《大飯店》（*Grand Hotel*，1932）、《魔女瑪塔》（*Mata Hari*，1932）、《安娜・卡列尼娜》（*Anna Karenina*，1935）、《茶花女》（*Camille*，1937）以及《異國鴛鴦》（*Ninotchka*，1939）。雖然今天情慾的吻出現在銀幕上已是稀鬆平常，在嘉寶的年代卻極具爭議性。吻消除了許多障礙，成為社會變遷的媒介，一如它在中古時期剛誕生之時。

另一件值得注意的事是，電影常常重拾中古時期羅密

7　David Baird, *Captivating Couples: Celebrating Love on the Silver Screen* (London: MQ Publications, 2005), p. 9.

歐與茱麗葉的主題和莎士比亞傳說，如法蘭柯‧齊費里尼（Franco Zeffirelli）1968 年的改編作品，或巴茲‧魯曼（Baz Mark Luhrmann）1996 的《羅密歐與茱麗葉》（*Romeo + Juliet*）等。在這些故事中，戀人最後的吻讓他們與世界背道而馳，以死亡的方式合而為一，是高潮也是結局。在這個版本中，兩個苦命戀人在化妝舞會相遇，茱麗葉（克萊兒‧丹妮絲〔Claire Danes〕飾）身上戴著一對天使翅膀，而羅密歐（李奧納多‧狄卡皮歐飾）穿著騎士盔甲。他們透過水族箱對上眼，站在兩側隔著玻璃接吻。接吻的戲碼在整部電影中隨處可見。在全片的高潮——男女主角雙雙自殺的場景中，羅密歐在灑滿花瓣、點著兩千根蠟燭的祭壇前，吻了他的摯愛茱麗葉。羅密歐以為茱麗葉已死，在她逐漸恢復意識時喝下致命毒藥。茱麗葉慌亂地吻著羅密歐，希望將他唇上的毒藥吻掉，卻徒勞無功。當她發現羅密歐已經死去，便舉槍自盡。

電影中難忘的吻

雖然說不上是不可能的任務，但要列出一張「影史上最浪漫的吻」的清單並不容易，因為每個人都有各自喜愛的吻，而且令人難忘的接吻畫面不勝枚舉。這裡的「令人

難忘」指的是能對社會歷史造成影響，重現吻的浪漫意涵和解放力量的一種特質。

在愛迪生首開先例的《吻》之後值得一提的，就是1915 年法蘭克・鮑威爾（Frank Powell）的《從前有個笨蛋》（*A Fool There Was*），由蒂達・巴拉（Theda Bara，又名西奧多西亞・古德曼〔Theodosia Goodman〕）主演。她有著圓潤飽滿的胸部，綽號「妖婦（The Vamp）」，是轟動一時的性感女神，演過許多早期的無聲電影。電影中，她扮演具侵略性的成熟女性，誘惑可憐而弱勢的已婚男性維克多・貝努瓦（Victor Benoit），她的熱吻讓他拋棄了妻小。電影中的台詞「吻我，我的傻瓜」從此不斷地被引用，成了各種文藝創作上的陳腔濫調。這部片的涵義顯而易見——吻摧毀了男人的理性，誘惑他們離開家庭生活的安穩庇護。吻是男人的魔咒。

吻在艾利・馮・史托洛海姆（Erich von Stroheim）執導的知名電影《貪婪》（*Greed*，1924）中扮演了不同的角色。《貪婪》是一部深具有代表性的作品，探討金錢和貪欲如何腐化片中主角的心靈。史托洛海姆刪除原本的連續鏡頭，大量剪輯，最後播出的總長只有原版的一小部分。起初這部電影中淫穢的性暗示壞了它的名聲，但它終獲肯定，成為早期電影中最優秀的作品之一。電影中呈現了大

銀幕上的第一個「偷吻」。冒牌牙醫麥克悌格（McTeague）
看著躺在治療椅上被麻醉的美麗病患，腦中充滿性幻想。
一開始他試著壓抑自己的渴望，克制想對她毛手毛腳的衝
動，這樣的衝動明顯來自他墮落的基因。電影側標冒出這
些文字：「在他母親優秀的遺傳之下，流著他父親的邪惡
血液。」麥克悌格聞了女病患的頭髮和香水，忍不住吻了
她的唇。在他這麼做的當下，一旁的寵物鳥突然變得非常
不安，在鳥籠內不斷跳動。在這個「羞恥的」吻結束後，
麥克悌格喪氣地抓住自己的頭髮，繼續工作。這個離經叛
道的吻毫無疑問是種性踰越，至今仍吸引著觀眾。這個場
景是一篇關於吻的危險性的「小論文」──吻使人誤入歧
途，耽溺於自己的欲望和衝動。片名中的「貪婪」指的是
種令人致命的罪惡[8]。

　　根據一些影評專家，在金・維多（King Vidor）著名
的反戰電影《大閱兵》（*The Big Parade*，1925）中，第一
次世界大戰時與一名法國農村女孩的吻令人難以忘懷，這
部片包含了許多社會和心理上的細節，因此成為好萊塢第

8　Joel W. Finler, Greed: *A Film* (New York: Lorimer, 1971) and Richard
　　Koszarski, *The Man You Love to Hate: Erich von Stroheim and Hollywood*
　　(Oxford: Oxford University Press, 1983) 深入分析了《貪婪》對社會
　　的影響力。

一部真正的賣座電影[9]。在戰爭的悲痛中，一個浪漫的吻似乎是逃離這些紛爭的唯一途徑。「要愛，不要戰爭」是金維多電影中的嬉皮口號。吉姆・艾波森（Jim Apperson）（約翰・吉爾伯特〔John Gilbert〕飾）坐在一張長板凳上，向他來自法國農村的女友梅麗桑（Mélisande）（蕾妮・阿多莉〔Renée Adorée〕飾）示範嚼口香糖。結果她不小心把口香糖吞了下去，覥腆地拒絕他給她的第二片口香糖。他被她的單純感動，靠上去想吻她。一開始，她抗拒了他的吻，但過沒多久，在燭光的魔法之下，艾波森笨拙地說出從法文辭典中查到的「我愛你」。她微笑，於是他們就自然地接吻了。這個吻又久又深情，充滿渴望和宿命感。這個故事以喜劇收場。在最後一幕中，戰爭已經結束，兩人熱情地擁吻。

迪士尼的動畫巨作《白雪公主與七個小矮人》（1928）與吻的各種意義相呼應，故事結局中的吻更是如此，在某種程度上重新塑造「初吻」在歷史上和心理上神奇的復活力量。其實這部電影中值得注意的接吻畫面有二——一是白雪公主在小矮人出門工作前，溫柔親切地吻了每一個小

9　參見Sheldon Hall and Stephen Neale, *Epics, Spectacles, and Blockbusters: A Hollywood History* (Detroit: Wayne State University Press, 2010)。

矮人，糊塗蛋（Dopey）還回來不只一次，希望再被吻一次，感受那吻的力量。王子溫柔地吻在白雪公主冰冷的紅唇上則象徵著永別，他並不知道這個吻會讓她從死亡般的沉睡中甦醒。

這部電影在一些學術圈子引發爭議，因為它明顯將女性置於被動的位置[10]。然而這背後還有更寬廣的論述，與社會角色無關，而是關於女性改變世界、凌駕於男性之上的力量。《白雪公主與七個小矮人》成為了影史上最受歡迎的電影，它根據格林兄弟 1810 年的故事改編而成，但與原版的故事有許多出入。吻起死回生的力量終能實現，是因為仁慈的仙女消除了睡美人（Sleeping Beauty）的死亡詛咒，讓她永遠沉睡，只有真愛的初吻才能讓她醒過來。這個吻發生的時間點浪漫、令人屏息而恰到好處，使人們對它印象深刻。然而並非每個吻都是如此。第一個王子和公主的吻出現在夏爾·佩羅（Charles Perrault）1697 年的童話《叢林中的睡美人》（*La Belle au Bois Dormant*）。這個故事最早的版本是簡巴蒂斯塔·巴西萊（Giambattista Basile）1634 年的作品，名為《太陽》（*Sun*），這裡頭的

---

10 Marcel Danesi, *X-Rated: The Power of Mythic Symbolism in Popular Culture* (New York: Palgrave Macmillan, 2008).

王子沒有什麼魅力；他是個國王，在離開之前強姦了睡美
人。

　　有些文化理論家覺得迪士尼電影充滿沙文主義，讓
白雪公主處於被動，等待白馬王子路過，賦予她生命。舉
例來說，平斯基（Pinsky）主張像《白雪公主》這樣的電
影，都是「救援女性原型的幻想，在本質上都是被動的幻
想」[11]。然而一旦我們探究迪士尼敘事文本的背後，便會
馬上發現，故事中真正的主角其實是兩個女性角色——白
雪公主和邪惡的皇后。影片中的男性不是忠心服侍白雪公
主的小矮人，就是「功能性」的角色，僅在故事最後提供
一個匿名的吻。白雪公主則扮演主導的地位，一切都服從
她的指令，包括小動物、小矮人，甚至是王子，都被她隱
約中散發的女性魅力吸引而來到她身邊。

　　維克托・弗萊明（Victor Fleming）1939 年的賣座電
影《亂世佳人》是史上最受歡迎的美國電影，訴說惡霸白
瑞德（Rhett Butler）（克拉克・蓋博飾）和南方的千金
小姐郝思嘉（Scarlett O'Hara）（費雯・麗飾）的故事，
這部片贏得了奧斯卡獎。郝思嘉在南北戰爭中成了寡婦之

11　Mark I. Pinsky, *The Gospel according to Disney: Faith, Trust, and Pixie Dust* (Louisville: Westminster John Knox Press, 2004), p. 77.

後，白瑞德去探望她，含情脈脈地對她說：「睜開妳的雙眼看著我，不，我不認為我會吻妳。妳現在很需要有人吻妳，才能恢復正常。要有個人吻妳，常常吻妳，而且這個人要很在行。」她抗拒了他，最後促成了一段「激情熱吻」，白瑞德瘋狂地吻著她，抱著她走上一層層的階梯，到她的房間，忽略她微弱而流於形式的抗議。隔天早上醒來，郝思嘉微笑的臉透露出她真實的感受。在電視實境秀出現之前，這部電影的拍攝可說是非常真實，讓接吻的場景更具說服力及感染力。

1942 年的《北非諜影》則是另一部經典名片，由麥可‧寇蒂斯（Michael Curtiz）執導，也獲得了奧斯卡獎。片中的男女主角是瑞克（Rick）（亨弗萊‧鮑嘉〔Humphrey Bogart〕飾）和艾莎（Ilsa）（英格麗‧褒曼〔Ingrid Bergman〕飾），兩人有個很棒的接吻畫面。美國作曲家赫曼‧霍普菲（Herman Hupfeld）寫的經典爵士歌曲〈時光流逝〉（As Time Goes By），由鋼琴家山姆（Sam）在背景中演奏。這首歌裡有句最受歡迎的歌詞：「吻就只是個吻。」當鋼琴家唱到這句時，瑞克倒了杯香檳給艾莎，用一句著名的台詞向她敬酒：「敬我們在一起的時光。」他們接著在敞開的窗邊擁吻，遠處傳來陣陣的槍砲聲，暗示德軍即將到來，吻和砲火的聲響形成極為強烈的對比。

這個吻呼應了「要愛，不要戰爭」這句話。有點驚惶的艾莎巧妙地問：「剛剛那是砲火的聲音，還是我心跳的聲音？」她接著說：「我想讓你知道，我是多麼愛你，多麼痛恨這場戰爭。這個世界太瘋狂了，什麼都有可能發生。如果你沒辦法逃脫，我的意思是，如果我們被迫分開，不管你去哪裡，我都會在你身邊。」她靠近瑞克的雙唇，讓自己陷入另一陣熱情的狂吻，命令著他：「吻我。就當作是最後一次吻我吧。」《北非諜影》是寇蒂斯最著名的電影，精采地詮釋了愛情勝過戰爭的力量，且電影中的吻就只是個吻，和葛楚・史坦因（Gertrude Stein）的格言一樣，玫瑰就是株玫瑰 [12]。有些事物的本質無法說明或以理論解釋，因為它們本是如此。

　　泰・嘉奈特 1946 年的電影《郵差總按兩次鈴》中的主角是柯拉（拉娜・透納飾）和法蘭克（約翰・嘉菲爾飾）。如同先前討論過的，電影中有個令人難忘的接吻畫面，儘管這個吻最後導致了悲劇。這對苦命鴛鴦在高速公路上開著車，法蘭克突然懇求正在塗口紅的柯拉，給他一個等待多時的吻。柯拉說：「法蘭克，等我們到家，就會

---

12 James C. Robertson, *The Casablanca Man: The Cinema of Michael Curtiz* (London: Routledge, 1993).

有許許多多的吻，許許多多裡頭有夢想的吻。許許多多來
自生命，而非死亡的吻。」法蘭克回答：「我不想再等
了。」當柯拉正要開口說出「親愛的」來回覆他時，兩人
突然沉默下來，熱情擁吻。在他們沉浸其中的同時，柯拉
突然滿臉驚慌地大叫：「法蘭克，小心！」法蘭克因為接
吻而分心，駛離了車道，導致柯拉車禍身亡。這是個死亡
之吻。就我所知，這是第一個發生在車上的戀愛場景，逐
漸演變成現代流行文化中常見的畫面。「車子裡的浪漫」
成為 1950 年代青少年電影的主流。

除了《亂世佳人》，還有佛烈・尼曼（Fred
Zinnemann）1953 年的奧斯卡得獎電影《亂世忠魂》（*From
Here to Eternity*），許多影迷都認為它擁有最出名的接吻畫
面。華登中士（Sergeant Warden）（伯特・蘭卡斯特〔Burt
Lancaster〕飾）和上司的妻子嘉蘭（Karen Holmes）（黛
博拉・寇兒〔Deborah Kerr〕飾）偷情。在夏威夷的海灘上，
海浪拍打著他們交纏的身體，他們於是開始了禁忌之吻。
接吻後，嘉蘭溫柔地說：「我從來沒想過會是這種感覺，
從來沒有人像你這樣吻我。」「沒有嗎？」華登回答。「沒
有。」她說。華登又問：「在所有吻過妳的男人中，一個
也沒有嗎？能給我一個大概的數字嗎？」聰明的嘉蘭靦腆
地回答：「沒有計算器算不出來。你有帶嗎？」畫面迅速

地淡出，華登試圖探究她的過去，意在詆毀她的人格。他知道她的淫亂，也知道她先前在其他前哨基地有更多的外遇對象，這些事情讓他感到痛苦，對她產生矛盾的情感。但這個吻確定了他的命運，他中了「男人的魔咒」，再也回不去了。

布雷克‧愛德華（Blake Edward）的《第凡內早餐》（*Breakfast at Tiffany's*，1961）是另一部經典之作。荷莉‧葛萊特利（Holly）（奧黛麗‧赫本〔Audrey Hepburn〕飾）和保羅‧瓦傑克（喬治‧佩帕德〔George Peppard〕飾）在雨中接吻的畫面讓人們難以忘卻。這個場景開始於荷莉搭計程車到機場的路上，她樓上的鄰居保羅陪在她身邊。保羅是個理想化的、意亂情迷的戀人，他對荷莉表明愛意，試圖說服她留下，不要遠渡重洋前去巴西。「荷莉，我愛上妳了。我愛妳，妳屬於我。」她強硬地回答道：「這世上沒有誰屬於誰，我不會讓任何人把我關進籠子裡。」他回答：「我沒有想把妳關進籠子裡，我只想愛妳。」荷莉溫柔地看著他，卻反駁道：「還有我的貓，我們是一對沒名沒姓的鄉巴佬。我們不屬於任何人，也沒有人屬於我們。我們甚至不屬於彼此。」她接著叫計程車司機停在路邊，讓她的貓跳下車走進一旁的小巷，大聲命令牠：「快走！」幾分鐘後，保羅也叫司機靠邊停車。他下車大喊：

「小姐，管妳是誰，妳知道妳的問題是什麼嗎？妳是個懦弱的人，妳一點膽量都沒有。妳不敢勇敢站出來說好，人生是現實的，人會相愛也會屬於彼此，因為那是任何人得到真正快樂的唯一機會。妳認為自己是個自由的靈魂，狂野不受拘束，妳害怕別人把妳關進籠子裡，但寶貝，妳已經在那個籠子裡了。這個籠子是妳親手做出來的，它不在西邊的德州，也不在東邊的索馬利蘭。妳到哪裡，這籠子就在哪裡，因為不管妳跑得多遠，妳最後都只會和自己相撞。」

這正是劇情張力最強，即將爆發的一刻。保羅從外套口袋中拿出戒指，丟在她的大腿上，幾近狂吼地說：「拿去吧，我已經把它帶在身上好幾個月了，我不要了。」他關上車門，往自己的方向走去。荷莉戴上了戒指，欣喜若狂。她跳下車，在大雨中狂奔。當她追上保羅時，她發現保羅正跟她在木頭板條箱裡的貓玩在一起。她抱起了她的貓，將牠裹進外套裡不讓牠淋雨。這時，電影配樂〈月河〉（Moon River）在背景中緩緩播出。荷莉走向保羅，擁抱他，接著便在雨中熱情又溫柔地吻他。電影在此結束，我們都可以感受到那個吻影響了他們後來的人生，就和所有真情浪漫的吻一樣。

在《浩劫餘生》（*Planet of the Apes*，1968）中，太空人

喬治·泰勒（George Taylor）（查爾頓·赫斯頓〔Charlton Heston〕飾）和黑猩猩科學家茲拉（Zira）（金姆·亨特〔Kim Hunter〕飾）在海浪拍打的沙灘上浪漫地接吻。泰勒說：「博士，我想和妳吻別。」茲拉回答：「好啊，但你長得真醜！」這個回應很諷刺，暗指人類可能是從黑猩猩突變，而非演化而來。這個吻不只讓兩個人合而為一，也象徵兩個物種共生共存。它因此也是在反對人類與生俱來的物種歧視——人類自認為高其他動物一等，極盡剝削之能事。這個畫面在電影首映時造成轟動，而這個吻的火花可能點燃了接下來的二十年間對物種歧視的辯論。

迪士尼的《小姐與流氓》（*Lady and the Tramp*，1945）和更早的電影首先呈現動物之間浪漫的吻。這樣的吻並沒有造成什麼騷動，或許是因為是動畫片較不具真實感，且裡頭的場景都十分可愛。在一間露天義大利咖啡店中，可卡犬「小姐」（Lady）和雜種狗「流氓」（Tramp）一起吃義大利麵晚餐，一旁還有服務生唱著情歌。他們倆吃到同一條義大利麵的兩端，吃到中間的時候，他們先是大吃一驚，接著便開始溫柔地接吻。

羅伯·萊納（Rob Reiner）1987 年的電影《公主新娘》（*The Princess Bride*）是一齣劇中劇。爺爺彼得·福克（Peter Falk）說著床邊故事給生病臥床的孫子佛萊德·沙維吉

（Fred Savage）聽，整部電影便以這個故事為中心。當然，和所有童話故事一樣，接吻是故事中的亮點。講著講著，爺爺開始對故事中的吻感到驚奇：「他們又在親親了！」小男孩回答：「這是本親親的書嗎？」祖孫之間的對話間接點出了接吻的魔力。電影最後以童話故事的風格，戲劇性地呈現了公主新娘（Princess Bride）和她的白馬王子維斯特雷（Westley）的吻。說到這裡，爺爺為故事下了一個結論：「自從吻出現以來，最單純熱情的吻有五個。而這個吻，把其他的遠遠拋在後頭。」

《魔鬼總動員》（*Total Recall*，1990）把吻帶進了科技時代。這部電影是由菲利普・迪克（Philip K. Dick）的短篇小說改編而來。在電影的最後，火星人美琳娜（Melina）看著令人嘆為觀止的景色，喃喃自語：「我真不敢相信，這就像一場夢。」特務奎德（Douglas Quaid）回答：「我突然有個可怕的想法。如果這一切都只是夢呢？」美琳娜答道：「那就在醒來之前快點吻我吧！」他們熱情地親吻，螢幕逐漸淡出成為一片亮白光暈，暗示這整部片確實是一場夢。這個場景吸引人的地方，不只在於它給予的意象，還有透過接吻，在不同意識狀態下，甚至在夢中所呈現的完美的愛。任何事情都可能隨著科技改變，但那簡單的舉動卻不會因此而改變。

　　1991 年的電影《小鬼初戀》（*My Girl*）以溫柔的方式探討吻在青少年階段的現象。在其中一幕裡，十一歲的湯姆士（Thomas）（麥考利・克金〔Macaulay Culkin〕飾）和薇達（Vada）（安娜・克倫斯基〔Anna Chlumsky〕飾）在討論人生的種種，薇達突然誠懇地問：「你曾吻過任何人嗎？」湯姆士說：「像電視上那樣嗎？」「也許我們應該試試看，看看到底是怎麼一回事。」她說道。湯姆士遲疑了一下，緊張地回答：「但我不知道怎麼親。」薇達提議他們先親吻彼此的手臂當練習，接著閉上眼睛數到三才真正地接吻。這舉動中的天真無邪令人印象深刻，難以忘懷，最後卻讓我們鼻酸。湯姆士為了尋找薇達的戒指，在森林裡被蜜蜂叮咬而死去。這個吻充滿了存在意義，提醒我們生命的脆弱短暫，以及成長必經的痛苦；我們每天都要在愛的引導下活出意義。

　　現代電影中最具代表性的莫過於《鐵達尼號》（*Titanic*，1997）中傑克（Jack Dawson）（李奧納多・狄卡皮歐飾）和蘿絲（Rose DeWitt Bukater）（凱特・溫斯蕾飾）的吻。在金色的暮光下，蘿絲踏上船頭，與傑克相會。傑克叫她別說話，閉上眼睛，把手交給他。他扶著她踏上欄杆，她驚呼：「傑克，我在飛！」攝影機將鏡頭環繞著他們，在他們死前擁吻的同時，船上的景致逐漸轉變

成海面下陰森的墳場。

1999 年的《駭客任務》（*The Matrix*）可說是《睡美人》的科幻版，有著如童話故事中「復活之吻」的劇情，不過男女之間的角色有所調換。在電影的最後，崔妮蒂（Trinity）（凱莉・安摩絲〔Carrie-Anne Moss〕飾）用一個吻讓剛被射殺身亡的愛人尼歐（Neo）（基努・李維〔Keanu Reeves〕飾）起死回生。她輕聲對他說：「尼歐，我不再害怕了。先知（The Oracle）曾告訴我，我會愛上一個人，而我愛上的那個人會是救世主。所以你知道吧，你不可能死去，你不可以死，因為我愛你。你聽見了嗎？我愛你。」她接著命令道：「現在給我起來！」尼歐的生命跡象如童話故事一般突然恢復，兩人於是熱情地擁吻。

《一吻定江山》（*Never Been Kissed*，1999）就藝術和吻在人類生活中的功能而言，都是相當有趣的論述，呈現一個「完美的吻」該有的樣貌。一個二十五歲的女人嬌希（Josie Geller）（茱兒・芭莉摩〔Drew Barrymore〕飾）聲稱自己「從沒被吻過」。在整部電影中，她仔細分析自己心目中「完美的吻」是什麼樣子，包括嘴唇要如何接觸、眼睛要睜開還是闔上、還有女人該在接吻的哪個時機把自己的左腿舉起呈現 L 型。嬌希是《芝加哥太陽報》（*Chicago Sun Times*）的編輯，被委託潛入當地高中，蒐集素材來撰

寫一篇故事。在那裡，她愛上了帥氣的英文老師山姆・考森（Sam Coulson）（麥可・瓦爾丹〔Michael Vartan〕飾）。雖然山姆也被她深深吸引，但他仍保持距離，畢竟嬌希是他的學生。電影的最後，山姆在報紙上讀到一篇關於他的報導，兩人終於接吻。這個吻發生在電影結尾的棒球場上，背景音樂是海灘男孩合唱團（Beach Boys）的歌曲〈寶貝別擔心〉（Don't Worry Baby）。這個吻非常有感染力，讓觀眾席上的其他情侶也開始擁吻。

2005 年的電影《V 怪客》（V for Vendetta）把焦點放在「面具之吻」上，和片中的嘉年華氣氛相呼應。女主角從頭到尾都沒看過她身為自由戰士的愛人，他的代號是 V，戴著面具，和傳統的蒙面復仇者一樣。她認為自己是個俘虜，是政府陰謀的一部分。然而她最後發現為了測試她的忍耐力而刑求她的人就是 V。她終於發現他這麼做，是要讓她從恐懼中解放出來。當她發現 V 要去執行謀殺首長的自殺任務時，她吻了他，臉上的面具依然沒有蛻下。

《瓦力》（Wall-E，2008）是部歡樂的電腦動畫片。電影中兩位奇特的主角接吻了兩次：主角瓦力是地球上最後一台環境清理機器人，伊芙（Eve）則是擁有白色外殼的新型探測機器人。他們的第一個吻發生在外太空，伊芙拿自己的頭罩和瓦力的雙眼望遠鏡相碰，迸出一些火花，

使他狂喜地往後飄去。他們的第二個吻發生在電影的結尾。被壓壞的瓦力一動也不動，似乎喪失了所有的記憶和能力。伊芙緊抓他的手，觸碰他的額頭，產生了一陣火花，點燃了他的辨識能力，他很快便想起伊芙是誰。瓦力如童話故事般地復活了，他們滿懷愛意地接吻。一個個吻讓他們之間燃起許多火花，這是個極佳的隱喻，說明了睡美人故事中的吻的確是種「精神上的火花」，能點燃靈魂並賦予生命永恆的意義。

令人難忘的吻實在太多，無法一一列舉。吻在各種類別的電影中都扮演了重要角色，如《養子不教誰之過》（*Rebel Without a Cause*，1955）、《熱情如火》（*Some Like It Hot*，1959）、《法國中尉的女人》（*The French Lieutenant's Woman*，1981）、《蜘蛛人 3》（*Spider-Man 3*，2007）、《哈利波特 6》（*Harry Potter 6*，2009）以及《愛‧重來》（*The Vow*，2012）。透過電影鏡頭，我們可以看到接吻的過程，感受吻的力量。那些吻改變的不只是電影中的人物，而是世上的每一個人。

電影中的爭議之吻

有些電影中的吻極具爭議性，一出現便帶來衝擊，改

變了人們的種種態度。這一切始於 1916 年的喜劇《銀幕背後》（*Behind the Screen*），劇中呈現了男同性戀的場景，雖然是「偽裝」的，但年代可說是相當早。查理·卓別林（Charlie Chaplin）飾演一位工作室員工，和一名穿著中性的年輕女子接吻。她這樣穿是為了找到工作。吻她的人是個名叫哥利亞（Goliath）的魁梧工頭，把她當成了男人。以現代的眼光來看，這個場景十分幽默而不會令人反感，但它隱含的意義讓當時的一些觀眾感到不安，覺得這部電影很噁心，指出這樣的行為應該留在「幕後」就好，電影本身也清楚地傳達了這個想法。電影中第一個真正的同性之吻出現在 1971 年由約翰·史勒辛格（John Schlesinger）導演的電影《血腥星期天》（*Sunday Bloody Sunday*），描述兩男一女間的三角戀情——一位雙性戀設計師、一位女性人事顧問和一位男醫師之間的情感糾葛。這個吻由彼得·芬治（Peter Finch）和莫瑞·海德（Murray Head）演出。把「三角戀情」搬上大銀幕是個前所未有的創舉，而設計師和醫師的吻也是個團結的象徵。因此不久後的 1970 年代，同志運動開始發展並不是巧合。如同它的起源，吻再次成為愛和違抗社會的象徵。

《血腥星期天》其實有個更早的始祖—— 1927 年的無聲電影《鐵翼雄風》（*Wings*），裡頭有兩位男性軍人

溫柔地接吻。這部片在第一屆金像獎中獲得最佳影像獎。
電影上映後，沒有人對這樣的場景感到意外，主要是因為
一次世界大戰時，在壕溝裡接吻是常有的事。這個長吻綿
延唇上，帥氣的軍人約翰·包威爾（John Powell）（查爾
斯·羅傑斯〔Charles Rogers〕飾）和他即將死去的好友大
衛·阿姆斯壯（David Armstrong）（理察·阿倫〔Richard
Arlen〕飾）不願分離。這不是什麼浪漫之吻，卻道出兩個
即將生離死別的好友間深厚的情感。之後約翰娶了「鄰家
女孩」，但長存在他唇上那個永誌難忘的吻，默默地鬆動
了當時美國僵化的道德觀。

　　雖然同性之間的吻從彼時起即在銀幕上被接納，但它
在今日開放的氛圍中，仍然不太常見。如《血腥星期天》，
或是李安導演的《斷背山》（Brokeback Mountain，2005）
等電影，持續地消除人們對同性戀情或是親密肢體接觸的
偏見。《斷背山》在這方面尤具影響力。在某個懷俄明州
山上的夏天，緊張的農場駐守員艾尼斯·德爾·瑪（Ennis
del Mar）（希斯·萊潔〔Heath Ledger〕飾）和牛仔傑克·
崔斯特（Jake Twist）（傑克·葛倫霍〔Jake Gyllenhaal〕飾）
一起放羊，情感與日俱增。傑克想在帳棚內吻艾尼斯，但
他拒絕了這個大膽的舉動，之後卻羞怯地拿著他的帽子，
接受了性愛之前的初吻。在電影的後段，他們四年後再次

相遇，兩個人緊緊地擁抱彼此。艾尼斯緊張地看著周遭，用力地抓住傑克，將他推到樓梯旁隱密的地方，開始飢渴地吻著他。艾尼斯的妻子艾爾瑪‧畢爾絲（Alma）（蜜雪兒‧威廉絲〔Michelle Williams〕飾），不小心從樓梯上看到他們熱情的擁吻，把頭別了過去，好似象徵整個社會都想逃避這件事。艾爾瑪的動作似乎在暗示，不管人們怎麼想，事物的本質都不會改變。

在《鐵翼雄風》的男男接吻畫面登場三年後，便是第一個銀幕上的女女嘴對嘴接吻，這是電影《摩洛哥》（Morocco，1930）的主軸。這部片是神話般的女演員瑪琳‧黛德麗（Marlene Dietrich）的處女作。黛德麗相貌出眾，穿著男性的燕尾服和高帽在夜總會表演。接吻的畫面在一開始就出現了，她演唱著〈當愛〉（Quand I'Amour），像隻雌狐般擺動著身軀走進觀眾席，從一位年輕貌美的女子頭上，取下一朵花，問道：「可以送我嗎？」她熱情地吻上那個女人的嘴，其他觀眾瘋狂地鼓掌喝采。她接著把花拋向一個風度翩翩的外籍退伍軍人，好像在告訴我們身為一名男性，接收到愛情的象徵就該滿足，而非奢望與愛情畫上等號的動作——接吻。這個畫面在媒體和美國主流文化中都造成了不小的轟動，但無論如何，這部電影贏得了幾個獎項，包括約瑟夫‧馮‧史坦伯格（Joseph von

Sternberg）的最佳導演獎。

　　和有心理疾病的男人接吻是另一個禁忌，《雨人》（*Rain Man*，1988）即觸及了這個議題。電影的亮點是美麗的蘇珊（Susanna）（薇拉莉・葛琳諾〔Valeria Golino〕飾）吻了患有自閉症的主角雷蒙（Raymond）（達斯汀・霍夫曼〔Dustin Hoffman〕飾），這個舉動表現出愛能超越一切，超越社會或生理上的障礙。這一幕發生在拉斯維加斯賭場的電梯裡。蘇珊要教導雷蒙如何接吻。她告訴他嘴唇要微微張開，眼睛閉上，然後她慢慢地吻了他。雷蒙感到震驚，但也深深著迷，他顯然分不清楚這種感覺是浪漫、是愛情、還是生理欲望。當蘇珊問他那個吻感覺怎樣，他的反應天真地令人心碎：「濕濕的！」

　　另一個複雜的社會議題——與未成年者戀愛，出現在史丹利・庫柏力克（Stanley Kubrick）的電影《一樹梨花壓海棠》（*Lolita*，1997）中。這部電影根據弗拉迪米爾・納博可夫（Vladimir Nabokov）極具爭議性的小說，描寫一位中年男子和十二歲女孩之間的戀情。未成年性愛的意涵充斥在整部影片中，使其極具張力。片中有個令人不舒服的場景：男人和女孩在旅館房間裡同床，女孩用法式接吻的方式吻著男人。在畫面淡出時，他用一段旁白來合理化自己的行為：「各位陪審團的女士，我連她的初戀情人

都不是。」在今天開放的社會氛圍下，這部電影如同小說原作，震驚了許多觀眾。這部電影無疑地令人非常不安，但它也敘說了一個放諸四海皆準的事實：愛與浪漫是非理性的，它們超越了社會禁忌。

雖然到了 1980 年代和 1990 年代，跨種族的接吻已經不是什麼重大議題，2001 年的電影《為我留住最後一支舞》（Save the Last Dance）仍然具有爭議性，因為這個故事發生在一對青少年情侶身上。電影裡十七歲的莎拉・強森（Sarah Johnson）是個白人女孩，她和非裔美籍學生——饒舌歌手戴瑞克・雷諾德（Derek Reynolds）之間的那個吻，獲得了 MTV 的「最佳電影接吻獎」。他們在銀幕上的吻引燃了許多關於年紀、種族和性別的社會議題。在電影的最後，愛征服了一切，他們之間的吻也消泯了這些爭議。這部電影最後成為一段現代的西城故事，證明愛情的力量能夠打破障礙。

吻就只是個吻

在《北非諜影》中，山姆演唱〈時光飛逝〉（As Time Goes By），裡頭的歌詞「吻只是個吻」不斷重複著。這句話是種套套邏輯（tautology），想表達的不只是字面上

的意思，而電影常常忽略了這個事實。吻是種符號，自中
古時期出現以來，就充滿著不同的意涵。

在《魔幻至尊》（*The Illusionist*，2006）的某個場景中，
艾森海姆（Eisenheim）是一位魔術師，為奧地利國王演出。
他召喚出國王的妻子蘇菲亞（Sophia），發現正好是自己
的兒時戀人。表演結束之後，我們可以明顯透過他的肢體
語言，看見他對蘇菲亞的愛。那天晚上，蘇菲亞到他的臥
室警告他，說她發現國王可能會殺了他。然而艾森海姆並
沒有驚慌，而是抓緊了她，吻著她。雖然整個畫面充滿無
助慌亂的色彩，但他們依然熱情地擁抱。這個吻成為一種
結合的力量，讓兩個人在任何情況之下都能合而為一。類
似的還有《真愛永恆》（*The Fountain*，2006）中的醫師
湯米（Tommy），他的妻子伊莎（Izzy）即將死於癌症，
他發現伊莎的情況越來越糟，她逐漸失去知覺，無法判斷
冷熱。湯米於是準備了熱水澡，她把還穿著衣服的他拉了
過去，在浴缸內熱吻著他。這是個無助的吻，象徵愛超
越了實際上的時間。而在《平民百萬富翁》（*The Slumdog
Millionaire*，2008）裡，主角賈默（Jamal）用了他大半的
年少時光尋找失去的愛人。他參加問答節目，贏得了百萬
元獎金。即便有了這些財富和名聲，他最想做的事還是找
到他的愛人拉提卡（Latika），然後好好吻她。這個吻代

表了肢體和精神上的重逢。《哈利波特 6》（*Harry Potter 6*，2009）中，哈利（Harry）和金妮（Ginny）之間的吻發生在差點用一本魔法書害死一個重要的人之後。金妮幫助哈利把這本力量強大的書藏在一個魔法房間內，他們在那裡接吻，表達出在心中藏了多年的情感。

但或許沒有任何一部電影，比本章開頭提到的《新天堂樂園》更能表達愛的意義。在影片的開頭，我們看見村裡的神父在電影上映之前事先觀賞，下令剪掉電影中的接吻畫面。以現在的角度來看，許多當時剪掉的畫面，對年輕觀眾來說根本沒什麼。這部電影反覆運用吻，將劇情向前推進。已是青少年的多多說，他曾幻想和自己的初戀艾蓮娜（Elena）有一個「好萊塢式的浪漫之吻」。這部電影最後以接吻做結。長大成人的多多看著電影放映師，也是他的義父和人生導師艾費多過世前留給他的影片膠卷。這些膠卷由神父要艾費多剪掉的接吻片段集結而成，讓他的眼眶充滿淚水，裡面還包含了他和艾蓮娜接吻的鏡頭，連他自己都不知道它的存在。膠卷到此播放完畢，整部電影也跟著結束了。

第七章

網路時代的吻

不確定性正是浪漫的本質。

——王爾德（Oscar Wilde，1854-1990）

　　吻是否改變了今日的網路時代？吻在現在和過去的意義是否相同？這樣的吻是否會繼續存在？這些問題會在這最後一章中得到回應，其中有部分是根據對年輕人做的實地訪談和調查，找出新的約會模式及與伴侶見面的情境，對如接吻等等的求愛儀式造成了哪些影響。這些研究由我和數位多倫多大學的研究助理聯手進行。在這個時代，我們可以用網路送飛吻，求愛在網路空間中也有多種新的形式，面對面、嘴對嘴的吻是否會繼續存在？柯申鮑姆指出，網路其實讓人們對吻更加著迷，讓世界上的每個人都在接吻，即便他們的求愛傳統中沒有這個習俗。[1] 調查持

1　Sheril Kirshenbaum, *The Science of Kissing: What Our Lips Are Telling Us*

續顯示，約會通常從網路聊天開始，且網路約會已經成為主流。換句話說，今天戀愛關係在社群媒體中的發展程度，比起在現實生活中，有過之而無不及。

1999 年的電影《駭客任務》（*The Matrix*）提出一個新穎的主張——我們生活在新的世界秩序之下。人類出生在兩個平行宇宙中——真實世界和虛擬世界。我們就像電影中的主角尼歐（Neo），「透過」電腦螢幕，繼續「生存」。我們與現實的聯繫大都由一個螢幕塑造，它的名字叫做 *matrix*，以定義電腦科技的電路網絡命名；這個字在拉丁文中也有「子宮」的意思。電影的寓意顯然是，隨著網路空間的出現，新世代從兩個子宮出生——生理的子宮和科技的子宮。

網路空間改變了所有的社交規則，也帶來流行文化的嶄新形態，重新定義「流行」這個詞。如法國哲學家尚‧布希亞所言，螢幕的另一端是超現實（hyperreal）世界，而我們在超現實世界中投入得越來越多，甚至多過在現實世界中的投入[2]。這兩個世界間的界線形成擬象，使兩邊的事物合而為一，讓我們再也分不清哪邊是現實、哪邊是

(New York: Grand Central, 2011), p. 59.

2　Jean Baudrillard, *Simulations* (New York: Semiotexte, 1983).

幻想。布希亞舉的一個例子是迪士尼的幻想世界和魔法王
國，兩者皆是其他虛構世界的複本。換句話說，他們是複
本的複本，但人們在裡頭體驗到的，比現實還更真實。它
們是會製造影像的擬像，形成新的認知與社會環境。人們
不斷與超現實接觸，使得從政治到藝術的所有事物最終將
都由刺激所掌控。廣告是最大的擬像製造者，也只有在這
樣的世界中，廣告才有辦法變得如此有說服力，能說服觀
眾甚至左右他們的決定。根據擬像理論，這就是人們容易
被廣告商欺騙，購買他們根本不需要的商品的原因。簡單
來說，廣告商開出空頭支票，讓現實生活與超現實世界連
結。有件饒富興味的事情值得我們注意：《駭客任務》的
製作團隊邀請布希亞當這部電影的諮詢顧問，卻因為某些
原因被拒絕。透過社群媒體求愛的全球趨勢是種擬像嗎？
在超現實空間中，接吻還保有意義嗎？在回答這些問題之
前，我們首先必須了解接吻和流行文化的關聯，以及流行
文化如何演進。

接吻與流行文化

　　本書的主旨在於，透過敘事、畫作、歌曲、電影等媒
介中的「吻」，流行文化應運而生，進而遠播。今天的我

們無法想像浪漫愛情的種種再現中沒有接吻。換句話說，吻已被我們視為求愛的基本要素。如本書所述，這一切都源自中古歐洲。宮廷戀愛傳統，亦即騎士與貴族的愛情，開啟了通俗寫作的濫觴，廣受各階層與各行各業的大眾喜愛。此傳統也促成了求愛的流行文化，自成一格且不斷演變，至今都尚未完全確立，從不斷改變的結婚儀式、約會場所等等皆得以見證。

在騎士典則出現且普遍流傳之前，年輕女子的婚姻基本上都是一場交易。羅馬門（Porta Romana）是文藝復興時期佛羅倫斯外環圍牆的重要關口。在門旁邊的圍牆內側有個狹長地帶，現在是個停車場，可以找到一個入口通往羅馬門的頂端。底下有個廣場，是以前留給近郊農民做生意的露天市集。其中有個市集叫婚約市集（*Fiera dei Contratti*），來自四面八方的鄉村居民會將自己的兒女拖到此地訂下婚約。他們會計較嫁妝多寡，並要求未來的新娘往波焦因佩里亞萊（Poggio Imperiale）的方向走上山丘，展示她們搖曳的臀部。當然比較有教養的貴族並沒有這類的習俗，但他們會和其他貴族世家做類似的交易，將兒女作為籌碼，尤其希望能在嫁女兒時大撈一筆。吻漸漸地改變了這一切，它標示著所謂自由戀愛時期的到來。這股新自由風氣帶動了許多創作，而這些作品則成為日後流行文

化的根基。

　　畫家、雕刻家、作曲家和詩人創造了自由戀愛的新世界，使人們對愛情與婚姻有新的看法。因此今天的我們會覺得婚約市集荒唐且不合法。吻改變了社會，及其法律和社會經濟結構。因為有了吻，我們更懂得包容，能夠在社會生活中，接受開放的性。到了 1920 年代，女性自主意識抬頭。如同琳達・史考特（Linda Scott）巧妙地觀察：「咆嘯的二〇年代帶來了一波感覺論。許多年輕女性，特別是舉止端莊穩重的女性，透過自己的穿著、舞蹈、愛情來定位自己。」[3] 或許，吻已不再與反抗和踰矩畫上等號，而是一種我們可以享受的浪漫行為。

　　然而，這一切可能都因網路而改變。網路是流行文化傳播的主要平台，網路空間讓「自己動手做」的文化成為現實。任何人都可以在網路上發表自己的作品讓大家瀏覽。流行文化，或是大眾文化的定義其實相當直白：一種由大眾創造給大眾的文化。曼紐・卡斯提爾（Manuel Castells）的論述十分中肯，他認為網路空間讓每個人有辦法展示自己，建立他們的公眾身分，改變傳統對於自我和

3　Linda M. Scott, *Fresh Lipstick: Redressing Fashion and Feminism* (New York: Palgrave, 2005), p. 166.

感官、認知、社會層面等各種人類經驗的看法[4]。馬素・
麥克魯漢（Marshall McLuhan）創造了「地球村」一詞，
記述了當今大眾對電子科技的依賴，消除了時空限制，將
全球凝聚為一個村落[5]。麥克魯漢將這些科技視為生理、
情感和精神能力的延伸。網路是神經中樞系統的延伸，提
升我們對他人的認知。諷刺的是，同樣的現象也曾在過去
的部落村莊上演。在電子村落中，開始出現一種虛擬或超
現實的部落意識。傳統異國文化彼此互動，並製造語言和
藝術形式，跨越了傳統國際邊界，形成一種超現實的意識
形態，得以翻譯任何語言和符號。吻在超現實村落中的傳
播，便是這種意識的象徵。

　　然而，電子媒體組成的世界充斥著過多的刺激，對神
經系統本身也造成了威脅。換句話說，沉迷網路使我們無
法察覺，也看不見它對我們的影響。在人類學家阿帕度萊
（Arjun Appadurai）的一份重大研究中，他將這些影響稱
為分裂（disjuncture）和差異（difference），暗示著資本、
影像、想法以及優美文辭，並非像在先前的世界中，依既

4　Manuel Castells, *The Internet Galaxy* (Oxford: Oxford University Press, 2001).

5　Marshall McLuhan, *Understanding Media* (London: Routledge & Kegan Paul, 1964).

定與規畫的路線流動，反而是在多條無法預測的路線間不斷交叉流動[6]。這導致個人和國家認同的分裂，使得人們採取新的，且時常充滿爭議性的方式來看待彼此間的差異。

在地球村裡，傳統媒體形式的分界基本上已經不存在了。雖然傳媒公司仍是村落裡屹立不搖的領導者，它們已無力控制每一道文化潮流。此外，全球各地的閱聽者差異極大，遍布非洲、日本、印度、土耳其等不同國家，現在皆因好萊塢等過去的流行文化，聚集於網上。矛盾的是，這似乎讓美國流行文化更廣為流傳，因為其他國家會接受這種流行，融入到自己的擬像之中。然而，吻似乎不受限於這些界線，不管到哪裡都保有浪漫的意涵。在地球村中，吻幾乎不受超現實世界的影響，以下我們會有更多探討。

社群媒體成為地球村的核心元素，臉書（Facebook）和其他類似的社群網站是當今人們聯繫的主要管道，將打電話的年代拋諸腦後，改變了我們對社交生活的體驗。臉書文化的根本是立即與人連結，並提供管道讓大眾向世界

6　Arjun Appadurai, *Modernity at Large: Cultural Dimensions of Globalization* (Minneapolis: University of Minnesota Press, 1996).

公開地展現自己。然而，神經科學研究指出，使用這些媒體可能會造成無法控制的成癮行為，分泌讓人感覺良好的神經傳導素多巴胺。若真是如此，便與麥克魯漢的想法如出一轍。他認為科技是自我的延伸，會反過來影響我們的心理及情緒變化。安德魯斯（Lori Andrews）不久前也指出，臉書已成為一個新的巨大大腦，抹去從啟蒙時期開始的兩大概念：個人主義和隱私[7]。

　　或許，我們以傳統的角度所理解的流行文化，已經步入某種常規。這一切都從吻開始，但現在不再需要作家、畫家、電影製作人等這些運用流行文化的傳統範疇來傳達意義。在先前的章節中，我們提到涂爾幹將這些意義稱作「集體意識」。流行文化一直很受歡迎，因為這些文化來自「人」，所以人會直接受到吸引，而非經過行家品味挑選。每個人可以真正為自己選擇，進而形成「我們是誰」的後設理論（meta-theory）。然而，在我們隨著科技網路變化，後社理論也會跟著改變。地球村裡的一切皆變動不羈。流行文化，從宮廷戀愛演變至今，是否已步入常規仍有待觀察。

7　Lori Andrews, *I Know Who You Are and I Saw What You Did: Social networks and the Death of Privacy* (New York: Free Press, 2012), p. 56.

網戀

　　現在我們只要點幾下滑鼠、碰幾下觸控螢幕，甚至只要對機器人說幾個字，就能在網路世界取得任何東西。這樣吻還會繼續存在嗎？我們先從「虛擬的吻」（VirtualKiss. com）中的「電子接吻站」開始談起。這個網站似乎實現了網路接吻。雖然網站在本書出版時已下線了，但還有許多類似的網站仍在營運。「電子吻」是什麼呢？網站介紹如下：「選擇喜歡的唇形、唇色和唇紋，或是從我們預設的嘟嘴唇中任選一個，製造專屬於你的電子吻，送給特別的他／她。」其實這跟情人節卡片沒什麼兩樣，差別只在透過像 Skype 等類似軟體，把嘴唇放在螢幕上，親吻對面那個人的影像而已。電子吻仍尚未取代實體吻。電子接吻網站的例子顯示，在現今的電子世界中，吻的改變不大。網路空間只是吻的新所在，就如同接吻雕像、情歌等過去的媒介。這類網站意在拉近戀人的關係，製造溝通的管道，使愛情素材更容易製造出來[8]。

8　關於網路邀約及網路空間中情緒表達的研究與日俱增，顯示透過網路表達情意已是種新的常規。參見 Aaron Ben Ze'ev, *Love Online: Emotions on the Internet* (Cambridge: Cambridge University Press, 2004) and Arvid Kappas and Nicole C. Krämer (eds.), *Face-to-Face*

　　事實上，網路空間創造了更多人與人相識、發展戀愛關係的機會，讓人們提前做決定，看自己跟對方是否適合。然而，真正的考驗仍是兩個人在現實生活中的肢體接觸、眼神接觸、接吻，或是對彼此的感受是否契合。深情的吻依然能「天雷勾動地火」，讓愛情更有意義，而非僅是敷衍了事。的確，本書的研究團隊問了四十六名大學生這個問題：「假設網路或是機器人能夠滿足我們的性需求，你覺得人與人的戀愛關係會消失嗎？」幾乎所有人都說不會。而問他們是否覺得戀愛關係中吻的角色將消失，每一個人都毫不猶豫地搖頭。我想克里斯蒂娜·奈赫琳（Cristina Nehring）等社會評論家擔心得太多了。她在2009 年出版的《保衛愛情》（A Vindication of Love）一書提到，在這個電子設備和速食愛情掛帥的時代，我們會失去戀愛真正的感覺。然而，我們的訪談結果顯示，浪漫關係仍然綿延不絕[9]。雖然訪談不夠正式，也沒有統計數據支持，研究團隊的調查與其他浪漫研究的結果並無二致。

　　你甚至可以說，我們進入了第二個宮廷愛情時期。

Communication over the Internet: Emotions in a Web of Culture, Language, and Technology (Cambridge: Cambridge University Press, 2011)。

9　Cristina Nehring, *A Vindication of Love: Reclaiming Romance for the Twenty-First Century* (New York: HarperCollins, 2009).

在原本的宮廷愛情中，男人愛上跟自己門當戶對，或是比自己更家世顯赫的女子時，他必須透過英勇事蹟和情書來證明他的愛。戀人交換誓言，實現他們的戀情，過程中必須完全對外保密，因為大多數的貴族婚姻跟交易沒什麼兩樣，而宮廷愛情是少數被認可的解套方法。這種戀愛模式在民間散播開來，將浪漫轉為一種藝術形式，從詩人和音樂家執著於愛情題材便可略知一二。這份執著仍可在今日社群媒體網站上看見，例如浪漫、背叛、性愛等其他從前讓宮廷戀愛文學大受歡迎的主題。語言隨著時代有所更迭，語義卻依舊相同。研究團隊研究了一百個臉書網站，將其內容分成浪漫和不浪漫兩類。團隊利用簡易的計算技巧，發現大約 80% 的語義內容和浪漫、性等主題相關。法文裡有一句話是這麼說的：萬變不離其宗（*plus ça change, plus c'est la même chose*）。

跟網戀有關的研究顯示，每個人心中都有對性與愛的執念，且這些研究似乎都認同奈赫琳的論點，指出傳統戀愛在某些面向上發生了轉變。線上調查的結果透露，人們會在匿名的情況下討論自己的幻想，但不見得會背叛另一半。網路性愛成為常見的線上活動，如「第二人生」（Second Life）這類網站，讓使用者可以扮演各種性幻想的主角，在開啟腥羶色話題後，開始虛擬性愛。現在甚至

有特別設計的性器，在特定網站的虛擬性愛中取代真實性器。使用者可以決定自己在網路上要露出多少肌膚，用什麼道具，可說是性愛偏好的「客製化」。科學家預測不久之後，就會有可以達到性高潮的行動裝置問世。2006 年，歐洲研究社群（European Research Network）的學者科瑞斯坦森（Henrik Christensen）在《星期日泰晤士報》（*The Sunday Times*）中指出，越來越多人將會跟機器人而非真人做愛。

但對網路世代而言，這些科學對人類性慾的推測並不新奇。今日科學家的這些論點，柏拉圖和許多哲學家先輩早在哲學論述中討論過了。印第安納大學（Indiana University）動物學家金賽（Alfred Kinsey）在 1930 年代出版了充滿爭議性的作品，此後科學開始對性產生偏見。金賽在 1947 年創建了性學研究中心（The Institute for Sexual Research），貢獻許多人類戀愛關係中的重要見解，並紀錄性與性別的有趣面向，對求愛儀式產生重大的意涵。金賽教授的婚姻課程，發現科學家對人類性行為了解的太少，於是他決定訪談 18,500 名男女，了解他們的性行為、性態度以及整體行為。訪談結果成為金賽兩本暢銷書的根基：《男性的性行為》（*Sexual Behavior in the Human Male*，1948）及《女性的性行為》（*Sexual Behavior in the*

Human Female，1953）¹⁰。這兩本著作日後又稱為《金賽報告》（*The Kinsey Report*）。《金賽報告》飽受爭議，因為大眾認為內容有違道德，特別是報告中提到女性性慾很強，這在當時社會是個禁忌話題。更驚人的是，許多金賽發現的性行為在當時被視為猥褻，但在今天大都很常見且稀鬆平常。

　　不過在金賽報告出版之前，性學研究早在 19 世紀末 20 世紀初就萌芽了。德國內科醫生馬格努斯・赫希菲爾德（Magnus Hirschfeld）在 1919 年於柏林創立第一所性學研究中心，到現在裡面還有一間大型圖書館，存放各式各樣的性學資料，提供教學服務和醫療諮詢¹¹。1930 年代早期開始，美國人類學家瑪格麗特・米德（Margaret Mead）和英國人類學家布朗尼斯洛・馬林諾斯基（Bronislaw Malinowski）蒐集了不同文化中性行為的數據資料，發現雖然每個文化的性行為都有其獨特性，卻有一個共通點，那就是對愛的需求¹²。另一位早期的學者，英國人類學家

10　Alfred Kinsey, *Sexual Behavior in the Human Male* (Bloomington: Indiana University Press, 1948) and Alfred Kinsey, *Sexual Behavior in the Human Female* (Bloomington: Indiana University Press, 1953).

11　Magnus Hirschfeld, *Men and Women: The World Journey of a Sexologist* (New York: AMS Press, 1933).

12　Bronislaw Malinowski, *Sex and Repression in Savage Society* (London:

克勞萊（Ernest Crawley）研究了不同求愛文化中接吻的角色。他發現每個社會中接吻的方式以及它們對人們的意義具有獨特性[13]。有些事情改變了，有些則否。接吻這件事已經是很普遍的行為，一直都牽涉到許多與生俱來的賀爾蒙。因此，接吻可以很容易地傳播到世界各地，讓人們在很短的時間內「感染」這種強大的結合。

接吻的科學

貝蒂・埃弗雷特（Betty Everett）1964 年的主打歌曲〈在他的吻中〉（The Shoop Shoop）告訴我們，如果一個人愛著你，從他或她親吻你的方式就可以知道。社會科學家對接吻的這個面向產生興趣，開始著手檢驗、紀錄，並提出和接吻有關的理論。有些發現和理論已在第一章提及。如同前述，專門研究接吻的科學稱為「接吻學」（philematology）。

接吻學認為，吻會激發一連串複雜的科學反應，能

Routledge & Kegan Paul, 1927) and Margaret Mead, *Sex and Temperament in Three Primitive Societies* (New York: Perennial, 1936).

13 Ernest Crawley, *Primitive Marriage and Its System* (Kila, MT: Kessinger Publications Reprint, 2005).

提升浪漫的感覺，讓性愛時的肢體接觸更具意義。相反
地，不愉快的吻可能是遏止戀愛的「死亡之吻」，傳遞給
大腦混亂的神經訊號。也就是說，一個吻裡面包含了大量
的訊息。研究指出，接吻會讓兩人的關係更加緊密，因為
接吻時人體會分泌催產素（oxytocin）。這是一種「愛」
的賀爾蒙，與情感中的性慾滿足感及母愛的感覺連結。卡
瑞‧威爾森（Carey Wilson）和溫迪‧希爾（Wendy Hill）
2008 年的研究，以男女合校的大專院校中，十五對十八
歲到二十二歲的情侶為對象[14]。這些情侶被分為兩組，第
一組的任務是在大學的健康中心裡接吻，第二組則是要手
牽手，跟對方講話 15 分鐘，完成後為受試者做血液和唾
液檢測。結果顯示，接吻組男性的催產素激增，但女性的
荷爾蒙指數卻下降。這看起來很矛盾，但接吻對男性的刺
激似乎比女性大。先吻對方的女性在潛意識裡知道這件事
嗎？然而，研究人員解釋，保健室裡一點都不浪漫的氛圍
可能影響實驗結果。大腦影像研究也顯示，接吻可以活化
大腦中與交配和繁殖相關的三大系統，並刺激睪丸素的分
泌。不管從哪個角度看，接吻對男性來說只有好處[15]。但

---

14 Carey Wilson and Wendy Hill, "Affairs of the Lips: Why We Kiss,"
   Scientific American Mind, February 2008, 23–46.
15 柯申鮑姆在 *The Science of Kissing* 中探討了大部分的相關研究。

接吻不只是這樣而已。如本書所論，接吻不只是個性愛技巧。

要測量吻對兩性的意義為何，蘇珊・休斯（Susan M. Hughes）、瑪莉莎・哈里遜（Marissa A. Harrison）和高登（Gordon G. Gallup, Jr.）三位學者，訪問了 1,041 位大學學生一系列的問題，內容包含接吻的偏好、態度、風格與行為[16]。研究人員發現，女性比男性把吻看得更重，且更會用吻為對象打分數，而男性大多只把接吻當成提升上床機會的手段。調查顯示，超過 50% 的大學男性表示自己能夠不接吻就做愛，但只有 15% 的女性覺得自己可以。研究人員以擇偶的觀點來解釋這個現象，他們聲稱女性更重視接吻，以公正地評判或重新審視和監督另一半對這段感情投入的多少；而男性則將浪漫的吻當作性愛的前奏，也可能用來監督測試女性的生殖能力。

我和學生研究團隊決定做一個類似的研究。我們訪談了 200 位大學生，男學生和女學生各 100 人，彼此之間並無戀愛關係。雖然我的實驗樣本比 1,041 個學生的研究少很多，得到的答案卻大致相同：超過 50% 的男大生說他

---

16 Susan M. Hughes, Marissa A. Harrison, and Gordon G. Gallup, Jr., "Sex Differences in Romantic Kissing among College Students: An Evolutionary Perspective," *Evolutionary Psychology 5* (2007): 612–631.

們能不用接吻就做愛，但只有 12% 的女大生說她們可以。
我們也問了這些學生不同的問題，以了解除了性之外，學
生對吻有什麼樣的理解。我們發現不管是男是女，都說接
吻是浪漫的舉動；多數人引用他們近期知道的電影或歌詞
來闡述他們的想法。他們用來描述接吻的詞包含：「精神
的」、「靈魂伴侶」、「神聖的」、「強烈的」、「溫柔
的」、「富含情感的」、「呵護的」、「充滿愛的」、「敏
感的」和「溫暖的」等等。我們也決定問這些學生一個研
究人員很想解答的問題：「你認為接吻是種潛意識的擇偶
嗎？」112 個人覺得兩者一點關係都沒有，認為只有動物
才會用這種方式求愛和交配。有些人則認為這或許和求偶
的天性有關，但他們也覺得大腦應該有其他辦法能偵測這
類的暗示。因此，與一些理論家的想法相反，我們可以從
調查得知，大多數的人認為接吻不只是種「擇偶機制」。

團隊也設計了一系列的問題，試圖了解年輕人的接吻
經驗。我們問學生，他們覺得接吻有什麼功用，得到的答
案有：「表達情感」和「確立關係」。我們接著問他們對
於初吻的感受，答案包含：「害羞」、「尷尬」和「噁心」。
我們又問他們初吻的理想場景應該是什麼，得到的答案
有：「散步走路」、「戶外獨處」等時候、「安靜昏暗」、
「浪漫的地方，像有浪漫背景音樂的高檔餐廳」等地方。

最後我們問：「在 1 到 10 之間，你覺得用嘴唇接吻的親密程度是多少？」得到的答案平均起來是 8 分。我們又問了吻在脖子上的親密程度，平均數則提高到 9.5 分左右。

　　整體而言，這些答案確認了本書中的許多想法，也就是接吻是浪漫和親密的象徵；在脖子上的吻擁有更強大的力量；接吻時的情景是促成親密行為的因素；初吻包含著期待和情緒。因此，從吟遊詩人的時代到現代，吻並沒有太大的變化。吻在今天這個電腦和簡訊的時代依舊強大，一如往常。

　　吻也是監督愛情的好方法，可以知道我們是否「投入」情感，抑或透露出冷漠與無感。我們無法喬裝吻所傳遞的訊息。當我們心不在焉地接吻時，通常會從另一半口中得到這個不高興的回應：「嘴親心不親。」不真心的吻比不接吻還糟，很多時候這樣的吻也象徵感情的結束。貝蒂‧埃弗雷特巧妙地將這一點加入她的經典流行歌曲，歌詞是這樣說的：「一切都在他的吻中。」假裝高潮很容易，假吻卻很困難。接吻和性不一樣，你不需要在接吻的過程中證明什麼。不管愛與不愛，都可以從接吻中感覺出來。吻是最好的測謊器。1950 年代的義大利有一首流行歌曲叫做〈吻一小口〉（*Con un bacio piccolissimo*），由那時候的著名歌手羅柏蒂尼（Robertino）演唱。歌詞一開始統整

了青少年初戀的美好，用「甜美的唇」，「吻一小口」，「就讓我愛上你」。

回到《羅密歐與茱麗葉》

　　《羅密歐與茱麗葉》的故事基本上是個理想化的真實歷史事件。有些人認為這個真實故事的起源，可以追溯到 1200 年代晚期或 1300 年代早期。然而，先前我們討論過，是莎士比亞讓這個故事一舉成名。我們不知道莎士比亞詮釋這個故事的確切日期，但它在 1597 年以四開書本出版。這是莎士比亞的第一齣悲劇，而且是屬於年輕人的悲劇，劇中將年少與愛情的理想，和仇恨與死亡相提並論。對不幸的戀人而言，愛情既幸福又痛苦。有了愛，這對戀人的英勇事蹟跟以往不同，不只是存在，還真正地活了過來。他們的愛情是我們現在心目中「真愛」的典範。這類愛情如詩如歌且和諧美好，宛如蕭邦的小夜曲，偶爾充滿情感地爆發，又如柴可夫斯基（Tchaikovsky）在 1869 年創作的〈羅密歐與茱麗葉幻想序曲〉（*Romeo and Juliet Fantasy-Overture*），曲中最著名的橋段便是「愛情主題（love theme）」。

　　莎士比亞的詮釋是這類故事最為家喻戶曉的版本。

此後上千個故事寫的都是家長不認可的年輕情侶的愛情，但這些故事大多被遺忘，只有莎翁的劇作流傳至今，依然是年輕愛戀的經典故事，傳達放諸四海皆準的人生價值。這就是為什麼莎士比亞的作品被不斷翻新及改寫，因為劇中傳達了任何人在任何時間地點都有可能體會到的情感。或許最受歡迎的音樂劇改編是普羅科菲耶夫（Sergei Prokofiev）1938 年的芭蕾。此外有超過二十齣歌劇都根據《羅密歐與茱麗葉》發展而來，最廣為人知的是 1867 年夏爾・古諾（Charles Gounod）的版本。從文藝復興時期以降，《羅密歐與茱麗葉》一直是畫家和雕刻家等藝術家的創作主題。甚至到現在，這個主題還被融入音樂舞台劇中，如《西城故事》（West Side Story）。戴爾・史崔特（Dire Strait）的〈羅密歐與茱麗葉〉成為最受歡迎的歌曲之一。顯然在這個人們對電子人和機器人著迷的世界，苦命鴛鴦的傳說仍然非常吸引人。劇終的臨別一吻功不可沒。

說到底，戀愛是種理想，是我們對這個世界的幻想。羅密歐和茱麗葉的故事是世界上偉大愛情故事的開端。如果他們最後結婚了，而不是死在痛苦的吻中，這個理想可能破滅，世界也會因此不同。我並不是要說婚姻破壞愛情，絕非如此。舉例來說，羅密歐和茱麗葉不需要協調誰去足球比賽接小孩回家。吻和理想有關，而不是現實生

活。然而，那一刹那讓真實世界好似停了下來，讓世界再臻完美。一個真心的吻會打破成規，使我們忘卻婚姻中沒營養的爭論、嫉妒和斤斤計較的生活小事。吻也擁有療效，因此情侶吵架會用接吻來和好。接吻是神聖的行為，提醒我們愛和性並不對等，而性也不完全是我們想的那樣。

在一個相關研究中，作家唐娜‧弗雷塔斯（Donna Freitas）透過延伸研究發現，大學生多斥責校園的「約砲文化（hookup culture）」[17]。雖然性愛已經普及，無論男女，大部分的學生認為這種行為價值低下且十分悲哀。有趣的是，弗雷塔斯發現，最失望的那群人是年輕男性。這個發現與過去傳統對於男性性慾的理解相反。事實上，在訪談的對象中，有 39% 的男性表示，用一時的精蟲衝腦取代真正的戀愛關係讓他們感到非常後悔、羞恥而挫折。弗雷塔斯也發現，大多數的受訪者都不知道什麼是約會，並對此感到好奇，也希望如果有機會實現，可以試試單純的約會。

為什麼我們要透過接吻來表達愛，而不是摸耳朵、揉膝蓋等其他方式呢？或許透過嘴唇的觸碰，我們真能將靈

---

17 Donna Freitas, *The End of Sex* (New York: Basic Books, 2013).

魂吸進彼此的體內。20 世紀美國社會評論家艾瑪‧高德曼（Emma Goldman）寫到：「我寧願要浪漫時期的情歌、唐璜和維納斯夫人，用樓梯和繩索在月光明亮的夜裡私奔，伴隨父親的咒罵、母親的咕噥和鄰居的交頭接耳，也不要碼尺量出來的端正和禮節。」[18] 讓我最後一次引用愛情科學家柯申鮑姆的說法——吻會繼續存在，因為它已徹徹底底和愛合而為一：

因此，吻留存在時間的洪流裡、經過一代又一代、跨越了許許多多的國家。吻會繼續鼓勵戀人、演員、作家，和我們每一個人。不論一個吻是如何開始、我們為什麼要這麼做、發生的地點是天涯還是海角，它表達的都是最偉大的情感：愛。[19]

18　Emma Goldman, *Anarchism and Other Essays* (London: Fifield, 1910), p. 23.

19　同註1，頁209。

The History of the Kiss by © **Marcel Danesi**
First published in English by Palgrave Macmillan, a division of Macmillan
Publishers limited under the title *The History of the Kiss* by © Marcel Danesi.
This edition has been translated and published under licence from Palgrave Macmillan.
Tha author has asserted his right to be identified as the author of this Work.

人文 4

Kiss! 吻的文化史
The History of the Kiss! : The Birth of Popular Culture

作　　　者	馬塞爾‧達內西（Marcel Danesi）
譯　　　者	陳湘陽
責 任 編 輯	林秀梅　馬語欣

國 際 版 權	吳玲緯　蔡傳宜
行　　　銷	艾青荷　蘇莞婷　黃家瑜
業　　　務	李再星　陳玫潾　陳美燕　杻幸君
副 總 編 輯	林秀梅
編 輯 總 監	劉麗真
總 經 理	陳逸瑛
發 行 人	凃玉雲

出　　　版	麥田出版 城邦文化事業股份有限公司 104台北市中山區民生東路二段141號5樓 電話：（886）2-2500-7696 傳真：（886）2-2500-1967
發　　　行	英屬蓋曼群島商家庭傳媒股份有限公司城邦分公司 104台北市中山區民生東路二段141號2樓 書虫客服服務專線：(886)2-2500-7718；2500-7719 24小時傳真服務：(886)2-2500-1990；2500-1991 服務時間：週一至週五09:30-12:00；13:30-17:00 郵撥帳號：19863813　戶名：書虫股份有限公司 讀者服務信箱E-mail：service@readingclub.com.tw 歡迎光臨城邦讀書花園　網址：www.cite.com.tw 麥田部落格：http://blog.pixnet.net/ryefield
香港發行所	城邦（香港）出版集團有限公司 香港灣仔駱克道193號東超商業中心1樓 電話：(852)2508-6231　傳真：(852)2578-9337 E-mail：hkcite@biznetvigator.com
馬新發行所	城邦(馬新)出版集團【Cite(M) Sdn. Bhd (458372U)】 41, Jalan Radin Anum, Bandar Baru Sri Petaling, 57000 Kuala Lumpur, Malaysia. 電話：(603)9057-8822　傳真：(603)9057-6622 E-mail:cite@cite.com.my
設　　　計	許晉維
電 腦 排 版	宸遠彩藝有限公司
印　　　刷	前進彩藝有限公司
初 版 一 刷	2016年12月8日

著作權所有‧翻印必究（Printed in Taiwan）
本書如有缺頁、破損、裝訂錯誤，請寄回更換

定價／300元
ISBN：978-986-344-408-4

城邦讀書花園
www.cite.com.tw

國家圖書館出版品預行編目資料

Kiss! 吻的文化史 / 馬塞爾‧達內西（Marcel Danesi）著 ; 陳湘
陽譯. -- 初版. -- 台北市 : 麥田, 城邦文化出版 : 家庭傳媒城邦
分公司發行, 民105.12
面 ；　公分. -- (人文 ; 4)
譯自：The History of the Kiss! : The Birth of Popular Culture

ISBN 978-986-344-408-4(平裝)

1. 吻　　2. 文化史

538.35　　　　　　　　　　　　　　　　　　105022299